Persephone - Natura

MIEKE MOSMULLER

PERSEPHONE – NATURA

Die Überwindung der Maja

Eine Umwandlung der Erkenntnisposition

OCCIDENT VERLAG

ISBN 978-3-00-052304-5

Internet: www.occidentverlag.de
E-mail: info@occidentverlag.de
Grafische Gestaltung: Carina van den Bergh
Umschlagabbildung: Persephone-Kore, Akropolismuseum, Athen.

INHALT

VORWORT

Im August 2015 fand das siebente Seminar im Berner Oberland statt. Es sind viertägige Seminare, in denen jedes Mal ein anderes Thema waltet, aber immer auf der Grundlage meines ersten Buches ‚Suche das Licht, das im Abendland aufgeht'. Im Sommer 2015 war das Thema Persephone-Natura. In vier Tagen wurde versucht, sich in den Spruch ‚Persephone' einzuarbeiten, der in dem Werk Rudolf Steiners in dem Band mit den Entwürfen und Teilen von Ritualtexten zu finden ist. Der Spruch gilt als eine Meditation für den zweiten Grad. In Zusammenhang mit der Erkenntnistheorie finden wir darin eine großartige Umwandlung der Erkenntnisposition: Nicht ist die Sinneserfahrung maßgebend und sind die Gedanken nur Abbilder; sondern die Gedanken sind das Ursprüngliche, und die Sinneswirklichkeit ist eine andere Form der Idee.

Diese Umwandlung wird in diesem Buch nicht nur beschrieben, sondern als eine erkenntniskultische Tat verwirklicht.

Mieke Mosmuller, Februar 2016

ERSTE STUNDE

Wenn wir uns in die Anthroposophie einleben, dann wird deutlich, dass es ein wichtiges Fundament gibt, auf dem eine Erweiterung der Erkenntnisfähigkeit – das Vermögen zu erkennen – aufgebaut ist.

Es ist, wenn man Rudolf Steiner liest, von Anfang an deutlich, dass er Erkenntnisse gibt, die er entweder aus der Literatur genommen hat – und es wird dann heute viel gesagt: dass Rudolf Steiner nur viel gelesen habe und alles, was er gelesen hat, sehr gut wiedergeben konnte und so eigentlich eine Illusion geschaffen habe, dass er dies alles selbst erkannt hätte –, also, entweder er hat viel gelesen, oder aber er hatte selbst eine Erkenntnisfähigkeit, die weit über dasjenige hinausgeht, was der gewöhnliche Mensch an Erkenntnisvermögen hat.

Es wird dann auch bald sehr deutlich, dass dieses Erkenntnisvermögen, das also viel weiter führt als die bekannte Naturwissenschaft, nicht so einfach auf einer Universität erlangt werden kann, sondern dass es eine Fähigkeit ist, die mit der Entwicklung der menschlichen Seele zusammenhängt. Man kann sehr wohl Universitätsprofessor werden, die höchste Stufe der akademischen Wissenschaft erreichen, ohne an sich selbst etwas zu tun. Aber man kann nicht ein Rudolf Steiner werden und diese weitergeführten Erkenntnisse erlangen, ohne an sich selbst sehr intensiv gearbeitet zu haben, entweder in einer heutigen Inkarnation oder in vorherigen Inkarnationen. Und wenn das der Fall ist, dann kommt ein solcher Mensch mit Fähigkeiten, mit Qualitäten auf die Erde, die dann schon da sind, die nur in der modernen Zeit wiederum ein Feld finden müssen, wo sie sich entfalten können.

Das Wesentliche, was ich hiermit sagen möchte, ist: wenn man eine Erweiterung seines Erkenntnisvermögens anstrebt, dann muss das eigentlich – und *soll* das – mit dem Wunsch einhergehen, auch die Seele selbst in Entwicklung zu bringen. Nicht nur eine Sammlung der Erkenntnisse kann es sein, sondern es muss eine Reinigung der Seele stattfinden, und das muss eine Art von vorangehendem Wunsch sein.

Wenn man sich selbst sehr lieb hat, wenn man sich selbst sehr schätzt, wenn man meint, schon viel zu können, zu wissen; wenn man meint, dass seine Gefühle und Meinungen schon rein sind, dann kann man natürlich sehr wohl Anthroposophie aufnehmen und wird sich dadurch auch ein bisschen bessern, meistens – aber man kann dann nicht erwarten, dass eine Umwandlung der Erkenntnisfähigkeit stattfinden wird.

Dieser Wunsch zur Läuterung muss natürlich etwas sein, was man sich nicht abstrakt auferlegt. Man kann nicht sagen: Nun, jetzt sehe ich mit meinem gewöhnlichen Erkenntnisvermögen ein, dass ich, wenn ich das Erkenntnisvermögen erweitern möchte, ein besserer Mensch werden muss, dass ich das wollen muss. Das wirkt natürlich nicht, das ist dann auch wiederum eine Abstraktion.

Es muss wirklich eine Sehnsucht da sein – die man ganz tief in sich hat –, sich so zu verwandeln, dass eine Entsprechung zwischen der Seele mit ihrem Denken, Fühlen und Wollen und den drei Reichen der höheren Hierarchien entsteht. Wenn es keine Entsprechung gibt, wenn da nicht ein Zusammengehen möglich ist, kann man natürlich auch nicht erwarten, dass ein höheres Wesen sich in dieser Seele aussprechen möchte. Das wird es selbstverständlich überhaupt nicht können, weil da unten eine finstere Wolke hängt, die ganz auf sich selbst gestellt ist und die so viel mit sich selbst zu tun hat, dass da überhaupt keine Möglichkeit ist, dass diese Wolke sich auflöst und die geistige Sonne durch sie hindurchstrahlen könnte.

Unserer Arbeit muss vorangehen, dass man sich innerlich fragt: *Will* ich das? Ist es für mich ein Etwas, was ich auch wirklich selbst will – nicht, weil es in den Büchern steht, sondern, weil ich in mir selbst diese Sehnsucht nach einer Vervollkommnung des Menschlichen spüre?

Und dann, wenn man in eine Art von Liebesverhältnis zur Anthroposophie gerät, und man nimmt diese Erkenntnisse auf, die in den Büchern und Vortragszyklen von Rudolf Steiner gegeben sind – dann wird eines sehr deutlich, und das ist: dass es einen Zusammenhang gibt zwischen einer bestimmten Art des Denkens und der geläuterten Seele.

Wenn wir Handlungen verrichten, dann wissen wir manchmal ganz klar, was wir tun wollen, aber meistens wissen wir das gar nicht so klar, und es würde eine sehr schwierige Aufgabe sein, in den Handlungen, die wir verrichten, eine Läuterung anzufangen, weil wir da eigentlich nicht einen Punkt haben, wo wir mit Sicherheit angreifen können.

Mit dem Fühlen ist das auch so. Das Leben auf der Erde erlangt seinen Wert durch die Gefühle, und das Karma, das Schicksal, lebt sich im Fühlen auch am meisten aus. Es gibt ja Menschen mit denselben, den gleichen, gleichartigen Schicksalserlebnissen, die damit aber in ganz verschiedener Art umgehen. Da liegt gerade die Gefühlsseite, und da finden wir, wie der Mensch seine Schicksalserlebnisse fühlt. Also, das Gefühl hat mit dem Schicksal viel zu tun, aber es ist ein Gebiet, wo wir auch noch immer nicht eine Klarheit haben, von Natur aus. Wir wissen manchmal gar nicht, wo unsere Gefühle herkommen. Man kommt am Morgen aus dem Bett und hat ein gewisses Gefühl in sich – und kann überhaupt nicht sagen, woher es kommt. Gestern war alles noch ganz verfinstert im Gefühl, und heute stehe ich auf, und es ist die Sonne innerlich da – ja, wieso? Das kann natürlich auch umgekehrt der Fall sein, und es lässt sich nur in seltenen Fällen wirklich erklären, woher diese Gefühle stammen. Deshalb ist es auch da sehr schwierig, eigentlich unmöglich, eine Umwandlung der Seele anzufangen, denn man weiß nicht genau, was man da eigentlich macht, man weiß nicht einmal, was die Bedeutungen der Gefühle sind. Wenn man seine Gefühle ohne Weiteres für eine Umwandlung anfassen möchte, würde man schnell bemerken, dass es gar nicht leicht ist, seine Gefühle zu verwandeln. Wenn ich eine depressive Stimmung habe, und ich sage zu mir selbst: Jetzt ist es aus mit dieser Depression, ich will jetzt freudevoll sein – und das nicht nur als ein Wort haben, sondern wirklich innerlich diese Gefühle jetzt haben –, dann weiß man: Das ist nicht so einfach.

Aber in dem Denken ist es sehr wohl möglich, sich bewusst anzuschauen. So kann man begreifen, dass Rudolf Steiner sagt: Die Entwicklung des lauteren Denkens, geläuterten Denkens, reinen Denkens, ist verhältnismäßig leicht. Also, das sollten wir eigentlich können, müssten wir können, das müsste möglich sein; da sollte eigentlich niemand das

Gefühl haben, dass das etwas ist, was einen überfordert, dass das eine zu große Aufgabe ist. Denn in dem Denken können wir uns verwandeln, und das geht eigentlich ziemlich leicht.

Wenn ich in die Schule gehe, da fängt das schon an. Wir haben die kleine Amélie gesehen. Sie ist noch ganz in der Realität drin, und wenn sie einmal in die Grundschule gehen wird, fängt diese Kultur des Denkens an, da muss das Kind lernen – und es lernt noch grundsätzlich. Wenn man erwachsen ist und man hat eine Wissenschaft entwickelt, und man kommt neuen Erkenntnissen auf die Spur, dann ist es eigentlich verhältnismäßig leicht, neue Gedanken aufzunehmen. Man kann das eigentlich nur dann nicht, wenn die Gefühle sehr stark hineinspielen, da wird es schwierig. Wenn das Denken stark durch Gefühle geleitet, gelenkt ist, dann ist es schwierig, sein Denken in eine andere Bahn zu bringen. Aber wenn es Denken *an sich* ist, dann kann man es denken. Man kann eigentlich *alles* denken; auch Unwahrheit lässt sich ohne Weiteres denken. Das Denken an sich lässt sich leicht verwandeln, erweitern und auch reinigen.

Rudolf Steiner kommt auf dieses Denken immer wieder zurück, selbstverständlich vor allem in seinen jungen Jahren, als er noch ganz in der erkenntnistheoretischen Philosophie tätig war, aber auch später, in der theosophischen Zeit, wo er zum Beispiel die Aufsätze geschrieben hat, die dann als Buch ‚Wie erlangt man Erkenntnisse der höheren Welten?' zusammen herausgegeben wurden. In diesem Buch ist das Denken nicht so prominent Thema, aber da findet man doch wiederum im Anhang, der dann später geschrieben worden ist, eine Art von Mahnung, dass alle geisteswissenschaftlichen Erkenntnisse das reine Denken als Fundament haben sollen, denn sonst kann man ihnen eigentlich nicht vertrauen. Da gibt er in nur einigen Sätzen eine Charakterisierung dieses reinen Denkens, und diese Charakterisierung ist sehr trostreich, denn da wird klar, dass jeder Mensch das reine Denken schon hat, dass es also nicht etwas ist, was in der Ferne liegt, wohin lange Wege führen, die ganz aus dem Leben herausführen. Wenn man diesen Weg geht, kommt man letztendlich doch bei sich selbst, also nicht bei etwas Fremden, sondern wirklich bei sich selbst an.

Novalis hat das wunderbar beschrieben in seinem Märchen ‚Hyazinth und Rosenblütchen'. Der Junge ist Hyazinth und Rosenblütchen selbstverständlich das Mädchen. Der Junge wird nach Gesprächen mit einem Mann von einer Sehnsucht erfasst – ja, eigentlich nach dem Sinn der Existenz –, und da macht er sich auf den Weg und wandert durch viele Länder und Reiche, bis er letztendlich dahin kommt, wohin seine Sehnsucht ihn führt: Er kommt bei der verschleierten Isis an. Er darf diesen Schleier wegnehmen, und wer sitzt dann da? Das ist nicht er selbst in seiner sterblichen Form, aber es ist er selbst in seiner ätherischen Form, nämlich *Rosenblütchen*. Das ist wirklich die Beschreibung unseres Weges.

Ich habe in ‚Suche das Licht...' versucht, im 20. Jahrhundert zu beschreiben, wie der Mensch das reine Denken finden kann. In meinem Roman ‚Mutter eines Königs' hat das dann eine mehr bildhafte Form bekommen und ist auch dem Inhalt nach erweitert.

Wir haben dieses reine Denken alle schon in uns, und es geht nur darum, dass wir es in uns finden und dann, wenn wir es gefunden haben, weiter in Entwicklung bringen. Wenn wir das tun, dann kommen wir dazu, eine Art von neuer Sehnsucht zu entwickeln, dieses Etwas – das wir da entwickeln –, dies zu entschleiern. Rudolf Steiner hat das in seiner ‚Philosophie der Freiheit' den *Ausnahmezustand* genannt. Man könnte sagen, dieser Ausnahmezustand ist die Entschleierung der Isis, denn Isis ist bei *allen* Menschen – obwohl man da einen Unterschied machen muss zwischen weiblichen und männlichen Menschen. Es ist der Ätherleib, und der Ätherleib hat bei dem Mann eine weibliche Gestalt und bei der Frau eine männliche Gestalt. Der Mann sucht also aus einer Art von existenziellen Sehnsucht das Weibliche, das ewig Weibliche, nicht das vergänglich Weibliche nur, sondern das ewig Weibliche, das ihn ‚hinanzieht', und die Frau sucht das Männliche. Wenn wir in denselben Bildgestalten bleiben wollen, dann müssten wir sagen, dass der Mann die Isis sucht und dass die Frau den Osiris sucht. Und das tun wir dadurch, dass wir das reine Denken suchen.

Rudolf Steiner hat in den 20er Jahren in einem Vortrag gesagt, dass man eigentlich die Isis-Legende neu erzählen müsste; dass es so ist, dass in der Zeit, in der das Denken allmählich abstrakt wird, diese

Wesenheit, die eine farbige, leuchtende Erkenntnisgestalt ist, von Luzifer getötet worden ist, so dass sie nur noch als abstrakte, farblose Gedanken in uns erscheint. Wir haben überhaupt keine Möglichkeit, so, wie wir jetzt geschaffen sind, mit dem Ätherleib zu erkennen. Wir erkennen mit dem physischen Leib, und diese Erkenntnis ist nicht farbig, nicht leuchtend, sondern grau-weiß, Scheingestalt ist sie. Die Farbe kommt durch die Sinne, der Gedanke ist blass, Schein.

Jos hat gestern über das 14. Jahrhundert gesprochen und erwähnt, dass zwei Jahrhunderte vor dieser Zeit die Schule von Chartres existierte, in der die platonisch-katholische Strömung lebte und in der die großen Lehrer, die damals in dieser Schule lehrten, eine Art von Klage und Trauer gehabt haben, gerade im Hinblick darauf, dass diese Art von farbiger, leuchtender Erkenntnis verschwand und dass eine abstrakte Erkenntnis an deren Stelle trat. Es wurde da eine Art von Vorschau erlebt, wie in der künftigen Zeit die Erkenntnis abstrakt werden würde, eine abstrakte Naturwissenschaft entstehen würde und wie die Göttin Natura, das eigentliche Isis-Wesen, nicht mehr wirksam sein würde, für uns. Und diese Lehrer in Chartres haben das sehr schmerzlich gefühlt, sie lebten an dem Übergang von jener Zeit, wo Natura ihre letzte Wanderungen durch die Natur als Lehrerin der Menschen gemacht hatte, zu einer Zeit, in der sie nicht mehr gehört, gesehen werden würde – der Mensch würde das nicht mehr können.

Da ist der Zusammenhang Isis – Sophia – Persephone. Rudolf Steiner verwendet für die Göttin Natura auch den Namen Persephone. Er hat vor allem in der Zusammenarbeit mit Ita Wegman diese Mysterien von Persephone ausgearbeitet, und man muss sich vorstellen, dass man in Persephone, in Natura, ein Wesen hat, das den Übergang von der abstrakten, reinen Sophia-Erkenntnis zur lebendigen Natur-Erkenntnis schafft.

Das sehe ich als eine Aufgabe für diese vier Tage: Dass wir in uns selbst eine Art von Umgestaltung zustande bringen können, vor allem in dem Begriff der Erkenntnis.

Der Begriff der Erkenntnis sitzt in uns ganz verkehrt, falsch, umgeformt. Das ist das Werk von Luzifer und Ahriman, die haben in uns eine solche Arbeit geleistet – das mussten sie auch –, dass wir uns selbst als Menschen in der Welt ‚verkehrt' fühlen. Es ist eine falsche *Position*, die Position, die wir denken zu haben als Menschen. Und es ist schon ein ganz großer Schritt, wenn wir dazu kommen können, diesen lebendigen Begriff der Erkenntnis – denn es ist eine Wirklichkeit, dass wir uns so fühlen, wie wir uns fühlen in der Welt – , wenn wir diesen Begriff umwandeln könnten im Verlauf dieser vier Tage. Dann würden wir einen Sieg davontragen, einen Sieg über diese zwei Gegenmächte, die wirklich nicht wollen, dass diese Bekehrung stattfindet. Sie wollen, dass wir bis in die Ewigkeit – wenn man es so sagen darf – diese Erkenntnishaltung behalten. Wir wissen nicht einmal, dass wir sie haben.

Wo wirken diese Gegenmächte? Sie bringen Selbstverständlichkeiten in uns hinein, und wir leben selbstverständlich nach diesen Selbstverständlichkeiten, warum sollten wir es auch nicht tun... Also es ist einfach so, ich fühle mich als Mensch innerhalb einer Wirklichkeit, die dicht ist; ich kann mich an dieser Wirklichkeit stoßen, sie gibt Widerstand, sie ist eine feste, irdische, teilweise undurchdringliche Welt. Ich bin darin als ein leeres Blatt, ein unbeschriebenes Heft, es steht nichts darin, und so stehe ich in dieser Wirklichkeit. Ich bin als ein unbeschriebenes Blatt geboren worden, und allmählich schreibt die Wirklichkeit diese Blätter voll, so stehe ich in der Welt. So gehe ich zur Schule, und da werden diese Blätter wiederum vollgeschrieben, vollgezeichnet, da wird allerlei gemacht, und so entsteht ein Buch der Erkenntnis, aber ich bin eigentlich ein Diener dieser Wirklichkeit. Der Eine hat ein besseres Gehirn als der Andere, kann leichter schreiben, leichter verstehen, schreibt dickere Bücher, Andere schreiben nur ein kleines Notizbüchlein voll. Da kann auch noch ein schöner Hochmut dazukommen über meine dicken Bücher und über die Leichtigkeit, mit der ich sie schreiben kann.

Dann komme ich auf den Weg der Anthroposophie, und da sagt Rudolf Steiner, dass ich das ganz andersherum denken sollte. Und dieses Ganz-andersherum-Denken, das wird uns zur Sophia führen; und weil diese Sophia vor allem die Erkenntnis des Anthropos ist, führt sie zu einer Anthroposophie. Durch diese Anthroposophie hindurch führt es auch in die Sinne hinein. Und da, wo Denken Sinnlichkeit wird, da wirkt Persephone; und auch Persephone wirkt teilweise im Menschen, gibt also auch eine Art von Menschen-Erkenntnis. Da müsste man dann eigentlich von einer *Anthropo-Persephone* sprechen – und letztendlich sind die beiden eins. Wenn man dem nachgeht, in der Mythologie, findet man, dass Persephone oft Isis genannt wird, dass *Isis Sophia* genannt wird und dass man mit diesen weiblichen geistigen Wesen eine zweifache Wesenheit hat, die mit der neuen Menschenerkenntnis *alles zu tun hat.*

Wir werden versuchen, diesen Unterschied zwischen Sophia und Persephone in den kommenden Tagen zu spüren, und wir werden bemerken, dass man dann eigentlich alles dogmatische Denken verlassen muss. Alles gewöhnliche Begriffsdenken ist eigentlich eine Art von dogmatischem Denken, weil es zerteilt, sagt: ‚Das ist das, und das ist das…' Aber das hört auf, wenn man in das lebendige, reine Denken hineinkommt, weil es da um *Prozesse* geht, und wenn man diese Prozesse erlebt, ist es dadurch unmittelbar klar, dass ein großer Prozess unterteilt ist in viele Gliedprozesse und dass das alles Wesen sind. Das große Wesen ist das Umfassende, und wenn dieses große Wesen sagt: ‚Ich bin das Licht der Welt', und wenn Persephone sagt: ‚Ich bin die Summe alles Lichtes, in dem deine Seele lebt', dann könnte man sehr leicht sagen: Ja, wie ist das nur möglich – dann ist also Persephone das Licht der Welt. Aber das ist nicht der Fall. Da muss man wirklich sehr deutlich in die Prozesse hinein erleben können, und da hört alles wörtliche Denken in Worten, Denken in fest umrissenen Begriffen auf, und eine Welt von lebendigen geistigen Wesen fängt an, in Erscheinung zu treten.

Als Kern der Arbeit für die nächsten Tage sehe ich die Umgestaltung, und zwar eine lebendige Umgestaltung unseres Begriffs der Erkenntnis, wie wir als Mensch in die Welt gestellt sind und unsere Erkenntnisse sammeln. Dieses Sammeln der Erkenntnisse könnte man Isis nennen, die den zerstückelten Osiris wieder zusammenbringt…

Jetzt möchte ich weitergehen, also ein ganz anderes Verhältnis bewusst machen, das der Mensch zur Wirklichkeit *auch* hat und das nicht dieses luziferisch-ahrimanische Verhältnis ist, sondern selbstverständlich das michaelisch-christliche. Das kann man natürlich beschreiben, und das habe ich auch in vielen Büchern versucht. Das kann man auch üben, aber man kann es auch als eine Art von seelischer Umwandlung miteinander zu durchleben versuchen. Ob das auch gehen wird, das wissen wir nicht, aber ein Versuch wirkt natürlich doch immer.

Wir werden versuchen zwei Textabschnitte aus Rudolf Steiners Buch *Grundlinien einer Erkenntnistheorie der Goetheschen Weltanschauung* zu lesen, wo Rudolf Steiner dieses Erkenntnisverhältnis damals schon gründlich umkehrt. Wenn also der anthroposophische Student diese Abschnitte wirklich gut lesen würde und auch versuchen würde, das selbst zu spüren und in sich selbst zu durchleben, würde diese Umwandlung schon stattfinden. Aber meistens liest man so nicht, liest man es doch als Inhalt: interessant, philosophisch gedacht. Aber das ist noch etwas anderes, als dass man es auch so ernst nimmt, dass man sagt: Hier wird die ganze Welt umgestülpt, wirklich völlig umgestülpt.

Das steht in zwei kleinen Abschnitten, und die werden wir dann versuchen, aufzunehmen, und dann auch versuchen, darin zu einem Erleben zu kommen. Dieses Erleben muss dann in der nachfolgenden Zeit hier zu einer Art von Wirklichkeit werden.

ZWEITE STUNDE

,Wie erscheint uns unser Denken für sich betrachtet? Es ist eine Vielheit von Gedanken, die in der mannigfachsten Weise miteinander verwoben und organisch verbunden sind. Diese Vielheit macht aber, wenn wir sie nach allen Seiten hinreichend durchdrungen haben, doch wieder nur eine Einheit, eine Harmonie aus. Alle Glieder haben Bezug aufeinander, sie sind füreinander da; das eine modifiziert das andere, schränkt es ein und so weiter. Sobald sich unser Geist zwei entsprechende Gedanken vorstellt, merkt er also gleich, daß sie eigentlich in eins miteinander verfließen. Er findet überall Zusammengehöriges in seinem Gedankenbereiche; dieser Begriff schließt sich an jenen, ein dritter erläutert oder stützt einen vierten und so fort. So zum Beispiel finden wir in unserem Bewußtsein den Gedankeninhalt ,Organismus' vor; durchmustern wir unsere Vorstellungswelt, so treffen wir auf einen zweiten: ,gesetzmäßige Entwicklung, Wachstum'. Sogleich wird klar, daß diese beiden Gedankeninhalte zusammengehören, daß sie bloß zwei Seiten eines und desselben Dinges vorstellen. So aber ist es mit unserem ganzen Gedankensystem. Alle Einzelgedanken sind Teile eines großen Ganzen, das wir unsere Begriffswelt nennen.

Tritt irgendein einzelner Gedanke im Bewußtsein auf, so ruhe ich nicht eher, bis er mit meinem übrigen Denken in Einklang gebracht ist. Ein solcher Sonderbegriff, abseits von meiner übrigen geistigen Welt, ist mir ganz und gar unerträglich. Ich bin mir eben dessen bewußt, daß eine innerlich begründete Harmonie aller Gedanken besteht, daß die Gedankenwelt eine einheitliche ist. Deshalb ist uns jede solche Absonderung eine Unnatürlichkeit, eine Unwahrheit.

Haben wir uns bis dahin durchgerungen, daß unsere ganze Gedankenwelt den Charakter einer vollkommenen, inneren Übereinstimmung trägt, dann wird uns durch sie jene Befriedigung, nach der unser Geist verlangt. Dann fühlen wir uns im Besitze der Wahrheit.

Indem wir die Wahrheit in der durchgängigen Zusammenstimmung aller Begriffe, über die wir verfügen, sehen, drängt sich die Frage auf: Ja, hat denn das Denken, abgesehen von aller anschaulichen Wirklichkeit, von der sinnenfälligen Erscheinungswelt, auch einen Inhalt? Bleibt nicht die vollständige Leere, ein reines Phantasma zurück, wenn wir allen sinnlichen Inhalt beseitigt denken?' [GA 2, S. 57]

Wir wollen dies zuerst eine Beschreibung von Sophia nennen.

Es ist eine Bewusstmachung, eine Bewusstwerdung, die hier gegeben wird. Ich selbst erinnere mich noch sehr gut, dass die Begriffstätigkeit, die ich als Mensch immer sehr geliebt habe, sich doch vollständig dem Anschauen entzieht. Das, was hier steht, ist von einem Menschen geschrieben worden, der sein Auge, sein inneres Auge auf das Denken gelenkt hat und dann beschreibt, was er da anschaut, was er da wahrnimmt; und wenn man das mitdenkt, muss man eigentlich sagen: Ja, selbstverständlich! Aber das ist noch etwas anderes, als dass jeder Mensch aus *sich* heraus so auf das Denken hinblicken würde. Das tun wir ja nicht. Jetzt machen wir es natürlich, dank dieser Anregungen, aber man könnte natürlich sehr wohl sein Leben leben und sterben und nie seinen Blick auf das Denken gelenkt haben – und es trotzdem vielleicht ziemlich vollkommen verwendet haben. Da hat für mich eine Art Verwunderung, ein Staunen stattgefunden, zu sagen: Das Begreifen, das hier beschrieben wird, ist eigentlich etwas, was man fortwährend macht; wenn man studiert, macht man es sogar sehr gezielt und sehr gewollt, und man *kann* es scheinbar auch. Aber anschauen tut man es eigentlich nicht, man schaut alles an, aber *das* nicht.

Da sieht man, dass der Mensch mit einem blinden Fleck in der Welt steht. Man ist blind für die eigene Denktätigkeit; man sieht den Inhalt, aber über das, was hier beschreiben steht – das weiß man eigentlich, dass das so ist –, darüber denkt man nicht, das ist etwas Selbstverständliches. Alles ist interessant, aber eine Anregung, einmal die eigene Denktätigkeit anzuschauen, die steht eigentlich nirgends, nur hier bei Steiner findet man es.

Und dann fängt man an, zu empfinden, dass es eine ganze Welt innerhalb des Menschen gibt, die fortwährend tätig ist und die *verschlafen* wird, eine Welt, wo man nicht hinblickt. Und dann kann man verstehen, dass die äußere Welt so einen gewaltigen Eindruck auf den Menschen macht, denn die verschläft man nicht. Es ist deutlich, dass die Umwelt da ist; und dasjenige, was innerlich gemacht wird, da schaut man nicht hin, das ist eine Selbstverständlichkeit. Diese äußere Wirklichkeit ist so stark wirksam – und man muss eigentlich so weit kommen, dass man da, in dieser Stärke, womit da suggeriert wird, dass *das* die Wirklichkeit ist, Ahriman erleben lernt. Da schaut uns Ahriman fortwährend an, er ist da in der überwältigenden Wirkung desjenigen, was wir um uns herum haben, bis in das Erleben der eigenen Leiblichkeit hinein. Auch der Körper ist für den Menschen eine viel größere Wirklichkeit als das Denken, das hier beschrieben wird. Das Denken ist eine Art von Wolke oder so etwas, aber der Leib ist, was er ist. Der Mensch ist der Leib, und der Leib gehört der Wirklichkeit an, während dasjenige, was der Mensch denkt, nur vorübergehender Schein ist, eigentlich nichts wert. Dasjenige, was wir als Erkenntnisse, als wahr annehmen sollen, das soll ebenfalls aus der dichten Wirklichkeit kommen und nicht aus dem Denken, das muss nicht beachtet werden. Es geht um alles, was dicht ist, woran man sich stoßen kann, und das kann man dann verfeinern, so verfeinern, dass man es noch mit einem Elektronenmikroskop wahrnimmt. Da ist es noch immer Wirklichkeit und nicht Gedanke. Also, dasjenige, was Gedanke ist, darauf achten wir nicht.

Dies ist eine Passage, ein Stück Text, wo der Anfang einer Umwandlung entstehen kann. Man kann natürlich auch so lesen, wie meistens gelesen wird, und sagen: ‚Ach, das ist interessant, das ist ein interessanter Gedanke, den speichere ich und rufe ihn wieder auf, wenn es passt, in einer interessanten Diskussion oder so etwas.' Aber es ist natürlich eigentlich ein umwälzendes Etwas, was hier steht, denn hier schreibt ein Mensch, der seine Gedankenwelt angeschaut hat und dann beschreibt, was man da findet:

> ‚Eine Vielheit von Gedanken, die in der mannigfachsten Weise miteinander verwoben und organisch verbunden sind. Diese Vielheit macht aber, wenn wir sie nach allen Seiten hinreichend durchdrungen haben, doch wieder nur eine Einheit, eine Harmonie aus. Alle Glieder haben Bezug aufeinander, sind füreinander da; das eine modifiziert das andere, schränkt es ein und so weiter. Sobald sich unser Geist zwei entsprechende Gedanken vorstellt, merkt er also gleich, daß sie eigentlich in eins miteinander verfließen.'

So genau sieht der Mensch seinen Gedanken nicht zu. Es geschieht zwar, was hier steht, aber man schaut das nicht. Aber wir *könnten* das schauen – und das tun wir nicht. Wir lesen das und sagen: ‚Ach ja, okay...'

Man kann natürlich auch sagen: Ich will das einmal versuchen. Ich bin natürlich nicht geübt, habe keine Phantasie auf diesem Feld, also nehme ich dann einfach, was da steht: ‚Organismus' und ‚gesetzmäßige Entwicklung, Wachstum'. Diese zwei Begriffe, die miteinander zu tun haben, die kann ich mir denken, und da kann ich versuchen, anzuschauen, was ich da tue, wenn ich das denke. Für Rudolf Steiner ist es klar. Er sagt:

‚Sogleich wird klar, daß diese beiden Gedankeninhalte zusammengehören, daß sie bloß zwei Seiten eines und desselben Dinges vorstellen. So aber ist es mit unserem ganzen Gedankensystem. Alle Einzelgedanken sind Teile eines großen Ganzen, das wir unsere Begriffswelt nennen.'

Und da könnte es geschehen, dass, wenn wir das so machen – wir werden es später auch tun –, dass dann etwas in uns bewusst wird, dass da ein *Weben* bemerkbar wird, das zuvor ganz übersehen wurde, das wir nicht gesehen haben, nicht gespürt haben; dass also neben diesem In-der-Welt-sein, was wir zuvor hatten – die Wirklichkeit um uns herum, bis in den Leib hinein, und demgegenüber innerlich, gedanklich, nichts Wirkliches –, dass da doch allmählich eine Wirklichkeit zu weben anfängt. Und dann kann man auch anschauen, was dann in dem zweiten Abschnitt hier beschrieben wird:

‚Tritt ein einzelner Gedanke im Bewußtsein auf, so ruhe ich nicht eher, bis er mit meinem übrigen Denken in Einklang gebracht ist. Ein solcher Sonderbegriff, abseits von meiner übrigen geistigen Welt, ist mir ganz und gar unerträglich. Ich bin mir eben dessen bewußt, daß eine innerlich begründete Harmonie aller Gedanken besteht, daß die Gedankenwelt eine einheitliche ist. Deshalb ist uns jede solche Absonderung eine Unnatürlichkeit, eine Unwahrheit.'

Ja, das kennen wir natürlich alle, dass etwas in unserem Leben auftritt, das wie ein Rätsel erscheint, und dass wir dieses Rätsel lösen wollen. Wir fangen zu denken an und fragen uns: Wie können wir diesem Rätsel seinen Platz geben, in der schon begriffenen Einheit, innerlich, in demjenigen, was schon als zusammenhängender Begriffsorganismus da ist? Das ist ein gewisses Gebiet in unserem Denken, wo alles schon miteinander in Zusammenhang steht – ob das dann auch wirklich so ist, ist ein Zweites, aber wir erleben es so. Da tritt nun ein Rätsel auf, und wir fangen dann an, zu versuchen, das Rätsel zu lösen. Das ist dieses Ringen, Begriffe zu finden, die so wirken, dass das Rätsel in die bereits existierende Einheit der Begriffe eingereiht werden kann. Dann tritt wiederum Ruhe ein, haben wir die Ruhe gefunden, dass das Leben ‚stimmt', dass alles miteinander in Übereinstimmung ist. – Und man kann ganz unglücklich sein, wenn das nicht gelingt, wenn etwas im Leben geschieht, wo es eine Zeitlang nicht möglich ist, das in richtiger Weise in die existierende harmonische Einheit der Begriffe einzureihen. Wenn man diesem Bedürfnis nach Ordnung und Harmonie nicht folgt, dann lebt man im Chaos. Die Ordnung tritt erst ein, wenn diese harmonische Einheitlichkeit der Begriffe wiederum gefunden wird.

Und dafür sind wir blind, das schauen wir nicht an. Wir tun es, aber wir schauen es nicht an. Es ist ein Trieb im Menschen da, er ist dazu getrieben, diese Unruhe treibt dazu, dass man Lösungen sucht. Aber was wir da genau machen und was da die Gesetzmäßigkeit ist? Scheinbar wissen wir es, denn wir können danach leben, aber wir schauen es nicht an. Und hier wird also ein *Sehertum* geweckt. Zuerst war man blind, und jetzt wird man sehend für das, wofür man zuvor blind war.

Ich muss dann immer wieder sagen, dass ich nicht verstehe, dass, wenn man das liest und erlebt, dass man dann nicht jauchzend weitergeht im Leben. Denn es ist doch wirklich etwas so Wunderbares, dass der Grundnerv der Welt in uns wohnt und dass wir ihn verschlafen. Das ist natürlich nicht so wunderbar, aber das muss nun einmal eine Zeitlang so sein. Aber dann kommt die Lösung: Wir können das alles *anschauen.* Jeder Mensch kann das, was hier steht, und hat auch die Fähigkeit, sich dessen bewusst zu werden. Man braucht nicht einmal viel dafür zu tun, um das zu sehen. Man muss nur auf die Idee kommen – und *die Idee, die steht hier.* So ist es. Also, warum würde man noch weiterleben wollen ohne dieses? Nur eine Änderung der Blickrichtung ist es.

Dass man es dann nicht unmittelbar als eine so dichte Wirklichkeit sieht, wie man die äußere Wirklichkeit sieht, so, wie man sich daran stoßen kann – ja, das hängt damit zusammen, dass wir die Illusion aufgenommen haben, *dass nur dasjenige wirklich ist, was dicht ist*, und dass dasjenige, wo man hindurchgreifen kann, nicht wirklich ist. Da steht Ahriman als gewaltige Macht in uns, der zu uns sagt: ‚Nur dasjenige ist wirklich, woran du dich stoßen kannst, und dasjenige, durch das du hindurchgreifst ... nun ja, da kann Steiner kommen und sagen, das ist die Wirklichkeit, aber nein – nein, das ist sie nicht, nur die Härte ist wirklich.'

Ahriman möchte am liebsten haben – und das sehen wir auch, dass das im Gange ist –, dass nur die sinnliche Wirklichkeit zählt und dass das Denken als subjektiver Schein erlebt wird, dass es also überhaupt keinen Wert hat. Wir sehen auch, dass man dadurch, dass man dasjenige, was man als Begriffsvermögen hat, leugnet, in das Chaos hineinkommt. Denn die Ordnung kommt gerade aus der Begriffswelt. Wenn man sie nicht mehr haben möchte, müsste äußerlich alles organisiert werden, denn man selbst wäre im Ordnen machtlos.

Aber Luzifer zieht dann den Menschen so weit aus der Ordnung hinaus, dass er in sich selbst sein will, also nicht in der ordnenden Tätigkeit des Begreifens, sondern in demjenigen, was noch mehr in ihm selbst ruht, nämlich in seinen eigenen Meinungen, Urteilen, in seiner eigenen Begriffswelt. Da wird das subjektiviert. Ahriman steht an der Gegenseite und sagt: ‚Siehst du, du darfst nicht denken, o Mensch, denn das gibt nur Subjektivität!' Luzifer sagt: ‚Du darfst nicht in die sinnliche Welt hinein, denn da herrscht das Chaos, und der Mensch soll selbst wissen, was wahr ist, und nicht in der Begriffswelt die Wahrheit suchen, die innerhalb der Begriffswelt selber wohnt.'

Wir brauchen Luzifer zum Denken und Ahriman, um es anschauen zu können.

Das ist die Passage, die ich ein paar Mal in Büchern zitiert habe: wo

Rudolf Steiner bespricht, wie in den Mysteriendramen ein Augenblick kommt, wo Capesius ganz in Verwirrung geraten ist und wo dann Benedictus auftritt.

‚Es sagte zum Beispiel Benedictus zu Capesius: Man kann nun auch dasselbe Walten der Dreiheit, der Polarität oder des Gegensatzes in der Dreiheit, des maßvollen Ausgleiches, an anderen Punkten des Daseins finden. Man kann wiederum ein Ding von einem anderen Gesichtspunkt aus ins Auge fassen: das Denken, das innere Vorstellen. Das innere Vorstellen, das Sich-Erarbeiten der Weltengeheimnisse, das ist das eine; das zweite ist das reine Wahrnehmen, sagen wir das bloße Hinhören. Es gibt Menschen, welche mehr daraufhin angelegt sind, alles in sich ergrübelnd zu überlegen. Andere Menschen, die denken nicht gerne, die hören überall hin, nehmen alles auf das Hinhorchen, auf die Autorität hin an, und wenn es auch die Autorität der Naturerscheinungen ist, denn es gibt auch eine Dogmatik der äußeren Erfahrung, wenn man sich nämlich die äußeren Naturerscheinungen aufdrängen läßt. Nun konnte leicht Benedictus dem Professor Capesius zeigen: In dem einsamen Denken liegt wiederum die luziferische Verlockung; in dem bloßen Hinhorchen, in dem bloßen Wahrnehmen liegt das ahrimanische Element. Man kann aber einen mittleren Zustand einhalten, sozusagen zwischendurchgehen. Man braucht weder bloß zu verweilen in dem abstrakten, grüblerischen Denken, wobei man sich einsiedlerisch in der Seele abschließt, noch sich hinzugeben dem bloßen Hinhören und Hinsehen auf das, was die Ohren und Augen wahrnehmen können. Man kann noch ein anderes tun, indem man das, was man denkt, innerlich so lebendig macht, so kraftvoll macht, daß man den eigenen Gedanken wie etwas Lebendiges vor sich hat und in ihn lebendig sich vertieft wie in etwas, was man draußen hört und sieht, so daß der eigene Gedanke so konkret wird wie das, was man hört oder sieht. Das ist ein mittlerer Zustand. In dem bloßen Gedanken, der dem Grübeln zugrunde liegt, da liegt das Herantreten des Luzifer an den Menschen; in dem bloßen Hinhören, sei es durch das Wahrnehmen oder sei es durch die Autorität der Menschen, liegt das ahrimanische Element. Wenn man innerlich erkraftet und erweckt die Seele, daß man seinen Gedanken gleichsam hört oder sieht, dann hat man das Meditieren. Das Meditieren ist ein mittlerer Zustand. Es ist weder Denken noch Wahrnehmen. Es ist ein Denken, das so lebendig in der Seele lebt, wie das Wahrnehmen lebendig

lebt, und es ist ein Wahrnehmen, das nicht Äußeres, sondern Gedanken in der Wahrnehmung hat. Zwischen dem luziferischen Element des Gedankens und dem ahrimanischen Element der Wahrnehmung fließt hin das Seelenleben im Meditieren als in dem göttlich-geistigen Element, das nur den Fortschritt der Welterscheinungen in sich trägt. Der meditierende Mensch, der in seinen Gedanken so lebt, daß sie lebendig in ihm werden, wie Wahrnehmungen in ihm sind, lebt in dem göttlichen Dahinströmen. Rechts hat er den bloßen Gedanken; links das ahrimanische Element, das bloße Hinhorchen; und er schließt nicht das eine und das andere aus, sondern weiß, daß er in einer Dreiheit lebt, daß die Zahl das Leben regelt. Und er weiß, daß eine Polarität, ein Gegensatz da ist, ein Gegensatz zweier Dinge, zwischen denen sich das Meditieren hinströmend bewegt. Und er weiß auch, daß maßvoll das luziferische und das ahrimanische Element hier in dem Meditieren sich das Gleichgewicht halten müssen.'
[GA 147, S. 98 f.]

Wir wollen einmal eine Übung machen. Wir wollen versuchen, den Begriff ‚Organismus' zu denken, den Begriff ‚gesetzmäßige Entwicklung und Wachstum' zu denken – und dann versuchen, zu spüren, wie diese Begriffe zusammenhängen: ‚Organismus', ‚gesetzmäßige Entwicklung und Wachstum'.

(Es wird meditiert und nachher über die Ergebnisse gesprochen).

Die Wesenheit der Begriffe ist getötet, also man sieht da einen Leichnam, und das ist natürlich nicht angenehm, vor allem, weil man auch selbst noch der Leichnam ist! Es ist nicht schön, das anzuschauen. Die Begriffswelt, die ist Leichnam. Da sehnt man sich nach einer Auferstehung aus diesem Tod. Das ist tatsächlich die Schwierigkeit bei dem Finden des reinen Denkens: dass das reine Denken zwar rein ist, dass es aber Leichnam ist.

Man darf am Anfang den Namen und die Vorstellung als Brücke nehmen, um zu dieser toten Welt der Begriffe zu kommen. In diesem Text weist Rudolf Steiner darauf hin; denn das ist dann wiederum das Wunderbare, dass die Gedankenwelt, die Begriffswelt selbst ein

Organismus ist, selbst eine gesetzmäßige Entwicklung und selbst ein Wachstum in sich trägt. Diese ist nicht mehr tot. Sie ist tot, wenn man die inhaltlichen Gedanken als Schemata, als Phantome hat, die herumspuken – die sind nicht lebendig. Aber hier liegt dann gleichzeitig eine Art von Prophezeiung, könnte man sagen: Dass, wenn man wirklich einmal gut schauen würde – und dazu muss man sich tatsächlich Mühe geben –, dass man dann sehen würde, dass es nicht bei einzelnen Begriffen bleibt, die wie tote Stücke, wie Steine nebeneinander liegen, sondern dass das wirklich lebendige Wesenheiten sind, die zusammen einen Organismus bilden.

Man weiß natürlich, dass man mit der Logik nicht willkürlich umgehen kann; sie ist eine Gesetzmäßigkeit, und da hält man sich auch daran. Auch wenn man Unwahrheit verkaufen will, muss man sich doch immer noch der Logik bedienen, sonst nimmt das keiner an. Also das ist Gesetzmäßigkeit, diese Logik, und sie wohnt in dieser Begriffswelt, sie ist da, und das kann man spüren. Man kann erleben, dass man nicht willkürlich die Begriffe miteinander verbinden kann, sondern dass da Gesetzmäßigkeit ist. – Da bekommt man dann eine Ahnung von etwas, was ähnlich ist wie etwa in der Chemie, wenn man bestimmte Stoffe zusammenbringt, die dann eine Reaktion eingehen. Das ist auch so etwas Merkwürdiges: Es sind tote Stoffe, aber wenn man sie zusammenbringt, dann beginnt das, etwas zu werden. Da liegt auch Gesetzmäßigkeit darinnen, da lebt Ordnungskraft. Ordnungskraft ist das – und das hat man in der Logik im Denken auch.

Wenn man weitergeht mit so einem Stück Text, dann bekommt man natürlich doch reale Ahnungen davon, dass das Denken etwas sehr *Angenehmes* ist, dass es zwar zunächst keine Farbe und keinen Geruch, keinen Geschmack und nichts hat, dass es aber doch das *Wesentliche* in der Geruchs-, Geschmacks- und Farbenwelt und so weiter ist; dass man ohne diese Begriffswelt überhaupt nicht weiß, was rot ist und so weiter. Man kann das natürlich alles sehr lieben, was die Vorstellungen geben können, aber diese sind ohne das Denken nichts. – Das ist dieser ‚Umbau', den man in sich selbst erlangen kann: Dass man die Wichtigkeit des Denkens zu spüren anfängt, dass es wirklich etwas ist, was organisierend im Menschen da ist und alle Gesetzmäßigkeit der Welt hat. Die Gesetzmäßigkeit, meinen wir, ist *da*, in der äußeren Welt. Sie ist nicht da, sie ist *hier* in der inneren Welt.

Das ist die Umwandlung, die man erlangen sollte, und das kommt im zweiten Stück sehr ‚störend' zur Äußerung. Denn wenn man etwas verändern muss, dann stört das am Anfang natürlich, dann ist man verärgert, vielleicht. Aber man muss das so umlernen, dass es das *Denken* ist, was in der Welt die Wirklichkeit ist, und dass dasjenige, was *Sinnlichkeit* ist, nur eine spezielle Form des Begriffs ist. Also *hier* ist die Wirklichkeit (innerlich), und diese hat eine bestimmte (äußerliche) Form angenommen, wodurch meine innerlich fließende Gedankenwelt äußerlich *geformt* ist; sonst würde sie ungehalten sein, würde nur fließen. Aber dadurch, dass ich eine feste Umwelt um mich herum habe, formt diese Umwelt meine Gedanken zu einem ruhigen, aufgehaltenen Etwas.

Wir müssen also versuchen, einmal zu phantasieren – denn das ist es dann doch zuerst –, dass nicht die Wirklichkeit da ist und dass ich mit der Wirklichkeit denkend mitlebe, sondern dass mein *Denken* die Wirklichkeit ist, und die Außenwelt gibt mir die äußere Form. Hier ist die Bewegung, und dort ist sie starr geworden.

Ich werde dann, was ich *jetzt ‚Persephone' nennen möchte,* lesen und dann heute Mittag weiter darauf eingehen. Auch wiederum aus *‚Grundlinien einer Erkenntnistheorie....',* Seite 62:

‚Kann ich im Angesichte einer mir unverständlichen Wirklichkeit nicht sogleich mein Denken in Wirksamkeit versetzen, auf daß es eben auch an Ort und Stelle den Begriff entwickle, den ich einem Gegenstande entgegenzuhalten habe? Es ist für mich nur die Fähigkeit erforderlich, einen bestimmten Begriff aus dem Fonds der Gedankenwelt hervorgehen zu lassen. Nicht darum handelt es sich, daß mir ein bestimmter Gedanke im Laufe meines Lebens schon bewußt war, sondern darum, daß er sich aus der Welt der mir erreichbaren Gedanken ableiten läßt. Das ist ja für seinen Inhalt unwesentlich, wo und wann ich ihn erfasse. Ich entnehme ja alle Bestimmungen des Gedankens aus der Gedankenwelt. Von dem Sinnesobjekte fließt in diesen Inhalt ja doch nichts ein. Ich erkenne in dem Sinnesobjekt den Gedanken, den ich aus meinem Inneren herausgeholt, nur wieder. Dieses Objekt veranlaßt mich zwar, in einem bestimmten Augenblicke gerade diesen Gedankeninhalt aus der Einheit aller möglichen Gedanken herauszutreiben, aber es liefert mir keineswegs die Bausteine zu demselben. Die muß ich aus mir selbst herausholen.

Wenn wir unser Denken wirken lassen, bekommt die Wirklichkeit erst wahrhafte Bestimmungen. Sie, die vorher stumm war, redet eine deutliche Sprache.

Unser Denken ist der Dolmetsch, der die Gebärden der Erfahrung deutet.

Man ist so gewohnt, die Welt der Begriffe für eine leere, inhaltslose anzusehen, und ihr die Wahrnehmung als das Inhaltsvolle, durch und durch Bestimmte gegenüberzustellen, daß es für den wahren Sachverhalt schwer sein wird, sich die ihm gebührende Stellung zu erringen. Man übersieht vollständig, dass die bloße Anschauung das Leerste ist, was sich nur denken läßt, und daß sie allen Inhalt erst aus dem Denken erhält. Das einzige Wahre an der Sache ist, daß sie den immer flüssigen Gedanken in einer bestimmten Form festhält, ohne daß wir nötig haben, zu diesem Festhalten tätig mitzuwirken. Wenn der eine, der ein reiches Seelenleben hat, tausend Dinge sieht, die für den geistig Armen eine Null sind, so beweist das sonnenklar, daß der Inhalt der Wirklichkeit nur das Spiegelbild des Inhaltes unseres Geistes ist und daß wir von außen nur die leere Form empfangen. Freilich müssen wir die Kraft in uns haben, uns als die Erzeuger dieses Inhaltes zu erkennen, sonst sehen wir ewig nur das Spiegelbild, nie unseren Geist, der sich spiegelt. Auch der sich in einem faktischen Spiegel sieht, muß sich ja selbst als Persönlichkeit erkennen, um sich im Bilde wieder zu erkennen.

Alle Sinneswahrnehmung löst sich, was das Wesen betrifft, zuletzt in ideellen Inhalt auf. Dann erst erscheint sie uns als durchsichtig und klar. Die Wissenschaften sind vielfach von dem Bewußtsein dieser Wahrheit nicht einmal berührt. Man hält die Gedankenbestimmung für Merkmale der Gegenstände, wie Farbe, Geruch usw. So glaubt man, die Bestimmung sei eine Eigenschaft aller Körper, daß sie in dem Zustande der Bewegung oder Ruhe, in dem sie sich befinden, so lange verharren, bis ein äußerer Einfluß denselben ändert. In dieser Form figuriert das Gesetz vom Beharrungsvermögen in der Naturlehre. Der wahre Tatbestand ist aber ein ganz anderer. In meinem Begriffssystem besteht der Gedanke Körper in vielen Modifikationen. Die eine ist der Gedanke eines Dinges, das sich aus sich selbst heraus in Ruhe oder Bewegung setzen kann, eine andere der Begriff eines Körpers, der nur infolge äußeren Einflusses seinen Zustand verändert. Letztere Körper bezeichne ich als unorganische. Tritt mir dann ein bestimmter Körper entgegen, der mir in der Wahrnehmung meine obige Begriffsbestimmung widerspiegelt, so bezeichne ich ihn als unorganisch und verbinde mit ihm alle Bestimmungen, die aus dem Begriff des unorganischen Körpers folgen.

Die Überzeugung sollte alle Wissenschaften durchdringen, daß ihr Inhalt lediglich Gedankeninhalt ist und daß sie mit der Wahrnehmung in keiner anderen Verbindung stehen, als daß sie im Wahrnehmungsobjekte eine besondere Form des Begriffes sehen.'

DRITTE STUNDE

Ich lese ‚Persephone'[1] noch einmal vor, wo der Übergang geschildert wird von dem Denken zur Sinneswelt.

(Der Text wird noch einmal vorgelesen).

Daran möchte ich eine Übung anschließen, in der wir uns zuerst in unseren gewöhnlichen Gefühlen, Erfahrungen und Empfindungen vorstellen, dass wir Mensch in einer Welt sind. Ich bin der Mensch, die Welt ist um mich herum, bis in meinen Körper, das ist auch Welt, und ich kann eigentlich nur nachsagen, was die Welt mir bietet.

Das ist die gewöhnliche Erkenntnis-Überzeugung. In früheren Zeiten ist das anders gewesen, aber seit dem Anfang des Bewusstseinsseelenzeitalters ist dies allmählich das gewöhnliche menschliche Erkenntnisgefühl geworden: dass ich nur insoweit eine Wirklichkeit bin, als ich ein Körper bin, und dass die übrige Welt wirklich ist, weil sie körperlich ist. Mein Denken folgt dieser Wirklichkeit und das wird dann zum Beispiel Naturwissenschaft, Medizin und so weiter. Der Mensch, der Wissenschaftler, lenkt seine Aufmerksamkeit auf die sinnliche Wahrnehmung – vielleicht verfeinert durch Instrumente – und versucht, durch Analyse und Kombination zu verstehen, was diese Wirklichkeit bietet. So fühlen wir uns, und so werden wir erzogen, so gehen wir zur Schule, zur Universität, und es gibt eigentlich auch keine Veranlassung, das anders sehen zu können, vielleicht anders sehen zu wollen. Es wird einem so stark nahegebracht und die ganze Welt ‚funktioniert' so.

Das können wir uns zunächst in einer Art von Meditation vorstellen, also eine Bewusstwerdung der Erkenntnisposition des Menschen, so, wie diese uns überliefert ist, so, wie wir uns gewöhnlicherweise fühlen. Was ist der Mensch, und wie kommt er zu seiner Wissenschaft? Nicht als eine Theorie, sondern als ein Gefühl, eine Empfindung, eine in-

---

[1] Grundlinien einer Erkenntnistheorie der Goetheschen Weltanschauung, S. 62, GA 2.

nerliche Erfahrung. Wie empfinde ich das, was ist meine innerliche Erfahrung darin?

(Es wird meditiert).

Um etwas zu haben, um darüber zu denken, können wir wiederum den Kreisbegriff nehmen und uns vorstellen, wie dieser Kreisbegriff in der Wirklichkeit in allen Kreisen, die wir kennen, verkörpert ist – und wie es so scheint, als würde der Mensch dadurch, dass wir diese Wirklichkeit mit Augen sehen, den Kreis kennengelernt haben und letztendlich den Begriff formuliert haben.

(Es wird weiter meditiert).

Gut, lassen wir das vorübergehen...
Wir müssen uns selbst natürlich doch eigentlich sehr streng zureden innerlich, dass wir diese Zeit hier – die vier Tage, die wir hier haben –, dass wir die nicht verschwenden dadurch, dass wir uns nicht konzentrieren; denn das fühlen wir natürlich: dass so nach dem Mittagessen, wenn man eigentlich ein Mittagsschläfchen haben möchte, die Konzentration eigentlich nicht mit will. Aber das müssen wir uns verbieten, und das *kann* der Mensch, das hat der Mensch wirklich als eine Möglichkeit – nur wird diese Möglichkeit meistens nicht verwendet, aber wir können das sehr gut.

Die zweite Übung ist dann das Umgekehrte: Dass wir uns vorstellen, dass wir der Kreisbegriff geistig eigentlich *sind* und dass dieser Begriff in der sogenannten Wahrnehmungswirklichkeit fortwährend wiedererkannt wird; dass wir überall, wo wir Kreise sehen, oder Gebilde, die fast ein Kreis sind, diesen Begriff wiedererkennen. Es ist dann also nicht so, dass die Wahrnehmung das Ursprüngliche ist und der Begriff hinzukommt; sondern dann ist der Begriff das Ursprüngliche, und wir tragen der Wirklichkeit diesen Begriff entgegen. Und deshalb könnte man sagen, dass so ein kleines Kind wie die kleine Amélie die Kreise erkennt, weil sie der Kreis *ist* ; und wir als Eltern oder Erzieher sind dann da, um das zu ‚regulieren'

– dass das auch wirklich geordnet wird, diese Erkenntnisfähigkeit. Aber wir können sie nicht auslösen oder einflößen oder was auch immer, sie ist schon da, diese Begriffswelt.

Es gibt – das könnt ihr nochmal nachlesen in meinem Buch ‚Ich mache, was ich will' – bei Sokrates diesen wunderbaren Dialog, ‚Menon', wo er seine Überzeugung beweist, dass der Mensch aus der Ideenwelt geboren ist und dass er die Idee schon mit auf die Erde nimmt. Menon ruft da einen Jungen herbei, der ein Sklave ist, ganz ungebildet, und leitet ihn an, die doppelte Oberfläche eines Quadrates zu bedenken. Er hat ein Quadrat, und dann ist die Frage: Wie kommt man zu einem Quadrat mit einer doppelten Oberfläche? Der Junge macht Fehler, als er das tun soll, aber als Sokrates ihn dann auf diese Fehler hinweist, versteht er auch selbständig, dass das falsch ist. Das könnte natürlich gar nicht sein, wenn die Wirklichkeit uns die Begriffe geben würde; dann könnten wir unsere Fehler nicht korrigieren. Es gibt etwas in uns, was es eigentlich weiß; nur ist es für den Jungen ungewohnt, es auch zu verwenden. Aber dieser Junge kommt letztendlich in vollkommener Übereinstimmung mit Sokrates zu dieser Konstruktion eines Quadrates mit der doppelten Oberfläche. – Das hat Sokrates natürlich beweisen wollen, er hat sehr viel Energie darauf verwendet, durch seine Dialoge zu beweisen, dass der Mensch die Begriffe bei sich hat, dass er sie *ist*, dass die Begriffe schon da sind, ohne Schule, und dass die Schule eigentlich nur dazu da ist, dass man sich bewusst wird, dass man diese Begriffe hat, und dass man lernt, wie man sie verwenden kann, wie man sie in die Ausführung bringt.

Wir versuchen jetzt in dieser zweiten Übung, uns vorzustellen, dass ich der Kreisbegriff *bin*, dass ich ihn habe und dass, wenn ich Kreise in der Außenwelt sehe, ich sie deshalb als Kreise benenne, weil ich diesen Begriff habe. Das muss man sich dann lebendig vorstellen. Wirklich mit dem Begriff ausgestattet bin ich, auch wenn ich den Begriff nicht aussprechen könnte, weil ich nicht in der Schule gewesen bin; dann habe ich den Begriff trotzdem. Und das, was ein Kreis ist, hat sich in der Wahrnehmungswelt überall als Kreis geformt, und es ist nicht so, dass der Kreis schon da ist und dass ich anhand dieser daseienden Kreise lernen muss, was ein Kreis ist.

Also das sind die zwei Gegensätze. Versuchen wir also jetzt, in dem zweiten Gegensatz zu leben.

(Es wird meditiert).

Gut.

Wenn wir das zum Beispiel täglich machen würden, würde das ein immer deutlicherer Gegensatz werden, und wir würden erfahren, wie in der gewöhnlichen Erkenntnisposition der Mensch selbst eigentlich ganz unwichtig ist und wie man den Menschen dann eigentlich auch mit einem Radiergummi wegschaffen könnte. Die Welt wäre dann dennoch so, wie sie ist, und den Menschen brauchen wir eigentlich gar nicht.

Bei der zweiten Position dagegen ist die Welt eigentlich erst dadurch so vollkommen, wie sie ist, dass es Menschen gibt, die darinnen sind und die *ideen-begabt* sind. Da muss man den Mut entfalten, wirklich so stark *dazusein* zu wagen. Bei der ersten Position kann man sich so ein wenig im Hintergrund halten, da ist man sicher, es kann einem nichts geschehen, außer dass man wegradiert wird natürlich, man ist ein Zuschauer, und es geht alles doch auch ohne uns weiter. Aber in der zweiten Position kommt alles auf uns an, und wir müssen den Mut entfalten, auch wirklich innerlich geistig dazusein zu wagen. Das kann man dann immer mehr und mehr spüren; das ist natürlich nicht möglich nach einmal Üben, vielleicht schon ein bisschen – aber wenn man das wiederholen würde, dann würde man immer mehr und mehr diesen Unterschied gewahr werden zwischen der gewöhnlichen naturwissenschaftlichen Haltung, aus der alles hervorgeht, was wir in unserer Welt haben, auch an sozialen Strukturen, und andererseits dieser starken individuellen geistigen Anwesenheit. Wobei man natürlich dann zu gleicher Zeit weiß, dass diese Individualität auch Universalität ist, weil es um Universalia geht, es geht um universelle Ideen, die sich individuell äußern. Es ist so auch gleichzeitig Grundlage für eine wirklich soziale Welt, weil dann starke, innerlich geistige Individualitäten in einer Universalität miteinander zusammen wären.

Dann können wir sagen – wenn wir uns die Gedankenwelt so vorstellen, wie wir das in der letzten Übung gemacht haben, nämlich dass es die Gedankenwelt ist, die ursprünglich ist, und dass die Wahrnehmungswelt eigentlich eine Form des Begriffs ist –, dann ist der Punkt, wo die Gedankenwelt sich umformt in Wahrnehmungswelt, der Punkt, wo wir Persephone finden. Das ist sie.

Sophia sitzt mehr innerlich, das ist das reine Denken, es braucht noch nicht einmal lebendig zu sein, das Denken in reinen Begriffsgedanken ist schon Sophia, und in der Anschauung wird sie lebendig. Aber dieses Wunder der sichtbaren sinnlichen Welt, dieses Wunder finden wir in dem Punkt, wo die Gedanken sinnliche Form angenommen haben.

Und da haben wir die innerliche Bewegung ganz umgekehrt, da haben wir nicht die Sinneswahrnehmung und dann daraus fortfließend die Gedanken, sondern wir haben die Gedanken, die um uns herum zu einer sichtbaren Welt geschaffen sind. Aber das, was wir als sichtbare Welt haben, das ist doch eine Art von Illusion. Denn das, was wir mit den Sinnen wahrnehmen, das ist sie nicht, sie hat viel mehr Gedankenqualität, als wir uns vorstellen können. Illusionär ist das, was Ahriman mit der äußerlich-materiellen Welt macht, diese zaubert uns Illusionen von Dichte, von Härte vor.

Es gibt natürlich ein unbewusstes Wissen davon, dass man diese Verantwortlichkeit auf sich nimmt, wenn man wirklich innerlich-geistig da sein will. Das ist der Schritt zur innerlichen geistigen Freiheit, und damit hängt zusammen, dass man sein Dasein innerlich dann auch in gewisser Weise *selbst schafft*. Das ist etwas ganz anderes, als dass man sich mitführen lässt durch etwas, was dann ‚Welt' ist.

Es geht darum, dass in dem Moment, wo man seine Sinne öffnet – wenn also diese Umwandlung wirklich zustande kommt; und das ist natürlich nicht sofort etwas Bleibendes, das sind Momente – , dass in dem Moment, wo man die Sinne öffnet, dasjenige, was sich dann den Sinnen darbietet, *Gedankenart* hat, *obwohl es sinnliche Wahrnehmung ist.*

Sophia ist die reine Seele, die geläuterte Seele, und zwar eigentlich schon bis in das Ätherische hinein. Die Weisheitswelt des Ätherischen ist natürlich viel weniger durch Sünde berührt als das Astralische selbst. Der Ätherleib ist eigentlich doch eine Art heiliger Leib, und das Äther-Hellsehen, das darf erst erwachen, wenn die Seele so rein geworden ist, dass sie nicht ihre Unreinheit in diese Heiligkeit hineintreibt. Deshalb ist diese harte Schule der Entwicklung des reinen Denkens notwendig, denn dadurch wird die Seele, wenn sie denkt, lauter, ist sie geläutert.

Aber wir können in der Meditation so weit kommen, dass wir wirklich erleben können, wie dieses reine, sinnlichkeitsfreie Denken, das rein in Begriffen denkt, den Übergang zur Sinnlichkeit in Reinheit machen kann. – Da lebt Persephone.

Die griechische Sage hat mehrere Versionen. Die bekannteste ist, dass Demeter, Mutter Erde, eine Tochter hatte, und diese Tochter wob das Kleid der Erde. Alle Schönheit der Erde wurde von dieser Tochter, Persephone, gewoben. Aber es war vorhergesagt, dass Persephone von Hades geraubt werden würde, dem Gott der Unterwelt, und das ist dann auch geschehen. Er ist gekommen und hat sie in die Unterwelt entführt. Demeter hat sich bei Zeus darüber beklagt. Und weil Persephone diese Schönheit nicht mehr weben konnte, wurde die Erde dürr und hässlich, und die Schönheit war nicht mehr da. Das fand Zeus auch schrecklich, und er hat dann zugestimmt, dass Persephone wieder zurück auf die Erde kommen dürfte und dann wieder dieses Weben anfangen dürfte. Aber Hades wusste natürlich, dass das geschehen würde, und er hatte inzwischen Persephone dazu verführt, einen Granatapfel zu essen. Das bedeutete, dass sie für immer in der Unterwelt bleiben musste. Einerseits ist da also der Hauptgott, der den Befehl gegeben hat, dass Persephone wieder auf die Erde kommen muss, und andererseits hat Hades etwas getan, wodurch das eine Unmöglichkeit wurde. Es fand dann ein Gericht statt, und man hat den Mittelweg gefunden: Persephone darf zwei Drittel des Jahres in der oberen Welt verweilen und muss ein Drittel des Jahres in der Unterwelt sein.

Und das Interessante ist, dass es verschiedene Auslegungen gibt, *wann* sie nun eigentlich in der Unterwelt ist. Meistens fasst man es so auf, dass, wenn der Frühling kommt, sie aus der Unterwelt in die obere Welt wieder aufsteigt und dann das Kleid über die Erde webt. Aber es gibt auch eine andere Auffassung, dass die Persephone-Kraft nicht in diesem Wachsen, Blühen und Zur-Frucht-Kommen wirkt, sondern dass sie gerade dann zu wirken anfängt, wenn die Pflanzen die Keime entwickeln, dass ihre Kraft gerade in den Keimen wirkt und dass sie auch mit den Keimen mitgeht in die Erde hinein und dann da die Vorbereitungen für den folgenden Frühling trifft.

Diese zwei Auffassungen haben eine Ähnlichkeit mit dem, was Rudolf Steiner in, ich glaube, ‚Mysterienstätten des Mittelalters' beschreibt. Er beschreibt da, dass die Auferstehungskraft eigentlich nicht zu Ostern gefeiert werden sollte, sondern zu Michaeli oder noch später im Herbst, wenn die Natur stirbt und der Geist aufersteht. Das hat eine Ähnlichkeit mit diesen verschiedenen Auffassungen von Persephone. Wenn man die griechische Mythologie liest, sieht man auch, dass dieser Kult, wo die Auferstehung im Herbst stattfand, der Adoniskult gewesen ist. Und wir finden auch, dass Persephone und Adonis in der Mythologie verwechselt werden und dass es auch Versionen gibt, wo Persephone mit Adonis verheiratet ist. Da liegt ein Zusammenhang.

Aber wie dem auch sei, bei Rudolf Steiner können wir sehr deutlich finden, dass Persephone, die auch Isis genannt wird – wie Sophia auch Isis genannt wird –, dass sie da gefunden wird, wo die Gedankenwelt übergeht in die sichtbare Welt.

Das ist etwas, worin wir uns dann in den kommenden Tagen vertiefen werden, in der Hoffnung, dass da auch Erlebnisse entstehen können, durch die die sichtbare Welt – die, obwohl sie farbig, licht und so weiter ist, für uns doch eigentlich auch unzugänglich ist, geistig gesehen – etwas von dem ursprünglichen und auch zukünftigen Geist wiedergewinnt, wirklich als *Erfahrung*, für uns. Und dass in dieser Weise dann die Tatsache, dass alle sinnliche Wahrnehmung eigentlich Illusion ist, überwunden wird, damit wir wenigstens eine Ahnung davon bekommen, was denn eigentlich das Illusionäre ist, und was wir uns vorstellen müssen, dass es die Wirklichkeit ist. Was ist diese sichtbare Welt, hörbare Welt, Lichtes-Raumes-Zeiten-Welt eigentlich wirklich…?

VIERTE STUNDE

Rudolf Steiner spricht 1924 mehrmals über die Mysterien von Ephesus. In ‚Das Initiatenbewußtsein' beschreibt er dann, wie es in Ephesus Lehrer und Schüler und Schülerinnen gab – er sagt mit Nachdruck, dass da kein Unterschied zwischen männlichen und weiblichen Schülern war, damals –, und er beschreibt, wie es da großartige, kultische Zusammenkünfte gab und auch Lehrstunden. Wenn dann die Abenddämmerung kam und diese Stunden vorüber waren, konnte das Folgende geschehen:

‚Da war es so, daß derjenige, der von der einen Seite initiiert war in die Geheimnisse von dazumal, dann wohl ins Gespräch kam mit einem Schüler oder einer Schülerin. Gerade der Proserpina-, der Persephone-Mythos in seiner spirituellen Gestalt war in jenen Gesprächen ganz lebendig.

Aber wie wurde solch ein Gespräch über den Proserpina-Mythos geführt, da war zunächst sagen wir etwa der Lehrer, der eingeweihte Priester, der da aus dem, was er an Impulsen empfangen hatte, reden konnte über die Geschehnisse in der Formenwelt, reden konnte über Geschehnisse, die sich abspielen zwischen Wesenheiten, und etwas aus dieser Einweihung heraus das Folgende zu seinem Zögling sagen konnte: Sieh einmal, wir gehen durch die Dämmerung, der Schlaf, der die göttliche Welt schaubar, sichtbar macht, er wird bald beginnen. Schaue dich an in deiner ganzen menschlichen Gestalt, da drunten sind die Pflanzen, um uns herum ist der in der Dämmerung schattende, in seinem grünen Dämmerdunkel wunderbare Wald. Schon beginnen über dir erste funkelnde Sterne sich zu zeigen. Schaue einmal das alles an, schaue die Majestät, die Größe, aber auch das Sprießende, Sprossende des Lebens oben und unten. Und dann schaue dich selbst an. Bedenke, wie in dir lebt und webt ein ganzes Weltenall, wie in alledem, was in dir zirkuliert, in alledem, was in dir sein Dasein in Geschehnissen hat, eine Fülle von Tatsachen, eine Fülle von Wesensverwandlungen in jedem Augenblicke vorhanden ist. Fühle, wie du selber eine ganze Welt bist, die geheimnisvoller, großartiger, wenn auch dem Raume nach kleiner ist als das Universum, das du von der Erde bis zu den Sternen überschaust. Fühle das! Fühle dich als

Mensch als eine Welt, als eine Welt, die eine größere Fülle hat als die Welt, die du mit deinen Augen schaust, mit deinen Gedanken umfängst. Fühle die Welt in dir innerhalb deiner Haut.

Und dann empfinde, wie du jetzt aus deiner Welt herausschaust in die Welt, die von der Erde bis zu den Sternen reicht. Du wirst dann vom Schlaf umfangen sein. Dann wirst du nicht in deinem Leib, nicht in deiner Welt sein, dann wirst du in der Welt sein, die du jetzt überschaust von der Erde bis zu den Sternen. Dann wirst du aus dir herausgegangen sein mit deinem seelisch-geistigen Teil. Dann wirst du in der Sternenstrahlung, in der Erdenausdünstung leben. Dann wirst du mit dem Winde gehen. Dann wirst du mit dem Sternenstrahl denken. Dann wirst du in deiner Außenwelt leben und wirst zurückschauen auf dasjenige, was du als eine Welt in dir bist.

Und es konnte in jenen alten Zeiten noch so gesprochen werden von dem Lehrer zu dem Zögling, denn es war eben noch das äußere Anschauen während des Tagwachens nicht so konturiert, sondern so, wie ich es Ihnen beschrieben habe. Und es war das Schlafen noch nicht von völliger Finsternis durchdrungen. Es war das Schlafen noch von Erlebnissen über Erlebnissen durchdrungen, und man wies hin auf Erlebnisse, wenn man auf den schlafumfangenen Zustand hinwies: Um dich ist jetzt Proserpina oder Persephoneia, Kore. Kore lebt in den Sternen. Kore lebt in den Sonnenstrahlen und Mondenstrahlen. Kore lebt in den aufwachsenden Pflanzen. Überall ist es Persephoneias Wirksamkeit, die da lebt, denn sie hat das Kleid gewoben, aus dem alles das ist. Und hinter alledem ist Demeter, ihre Mutter, für die sie das Kleid gewoben hat, das du jetzt schaust als äußere Welt. Natura würde man nicht gesagt haben. Persephoneia oder Kore würde man gesagt haben – hat man gesagt.

Und sieh, wenn einer länger wach bleiben wird als du – so sagte der Lehrer zu seinem Zögling –, dann wird der, während du schläfst, dasjenige, was äußerlich als Gestalt der Proserpina in Pflanzen, in Bergen, in Wolken, in Sternen auftritt, ebenso sehen wie du. Denn das ist die Illusion, wie man das sieht. Nicht die Proserpina ist die Illusion, nicht dasjenige, was sie schafft in Bergen und Pflanzen und Wolken und Sternen, ist Illusion, sondern so wie du schaust, das ist die Illusion. Und du wirst schlafen. Durch deine Augen, durch dieses wunderbare Daseinsrätsel Auge wird in dich einziehen Kore-Persephoneia.

Und es wurde das so lebendig hingestellt, weil es so lebendig erlebt wurde, daß der Einschlafende nicht bloß fühlte: jetzt erlischt mein Sehvermögen, jetzt erlischt mein Hörvermögen – nicht bloß fühlte: jetzt höre ich auf, wahrzunehmen –, sondern daß der Einschlafende wahrnahm, wie untertauchte Persephoneia durch das Augenpaar in den Leib, in den physischen Leib, in den ätherischen Leib, die von dem Seelisch-Geistigen im Schlafe verlassen wurden.

Die Oberwelt, man ist in ihr im Wachen; die Unterwelt, man ist in ihr im Schlafen. Persephoneia ist durch das Auge in den schlafenden physischen und Ätherleib eingezogen. Persephoneia ist bei Pluto, dem Herrscher über den Schlafzustand im physischen und ätherischen Leibe. Die Wirksamkeit des Pluto im Vereine mit Persephoneia, die untergetaucht ist in den physischen und Ätherleib während des Schlafes, die Tätigkeit des Pluto mit Persephoneia erlebte der schlafende Zögling, der durch diese Direktion, die er bekommen hatte dadurch, daß ihm der Einzug der Kore durch die Tore der Augen klargemacht worden war, der das ins Lebendige umgesetzt hat und im Schlafe nun die Taten des Pluto und der Persephoneia erlebte. Der Zögling erlebte dies, während sein Lehrer anderes Entsprechendes erlebte, das mehr zusammenhing mit den Formdingen.' [GA 243, S. 86 f.]

Das war in Ephesus.

Rudolf Steiner hatte dann auch die Mysterien von Eleusis beschrieben, wo ebenfalls eine Verehrung von Persephone stattgefunden hat.

Und er beschreibt da, dass die Lehrlinge vor zwei große Bildsäulen geführt wurden, eine väterliche Gestalt und eine mütterliche Gestalt, und dass in der *väterlichen* Gestalt eigentlich die Daseinsgeschichte der Erde so, wie sie sich vollzogen hat, bevor die Erde Erde war, ausgedrückt war – und man muss sich dann vorstellen, dass diese Gestalt der Repräsentant war von allem *Metallischen* auf der Erde.

Die Lehrlinge wurden dann darin unterrichtet, dass der Mensch von den Metallen nur das Eisen wirklich substanziell in seinem Leib hat, im Blut, dass aber die anderen Metalle nicht im Leib da sein können, dass sie da wie Gift wirken würden. Nur das Eisen ist substantiell im Leib da, aber die anderen sechs Metalle sind in ätherischer Form wirksam. Man muss sich vorstellen, dass dasjenige, was Saturn ist, als Blei-*Wirkung* im Menschen wirkt, ohne dass der Leib das Blei als

Substanz in sich trägt, aber die Bleikraft ist wirksam. So ist es mit allen übrigen sechs Metallen: Blei, Zinn – dann haben wir Eisen, das hat der Mensch als Substanz –, Gold, Kupfer – das ist in Spuren, in sehr geringen Mengen im Menschen noch da –, Merkur, das ein Gift ist – Blei auch natürlich –, und dann ist noch Silber da. Das sind alles Wirkungen, die der Mensch in sich hat, aber nur das Eisen ist auch substantiell da. Diese Erkenntnisse wurden da gewonnen, vor dieser Bildgestalt, die da als Vater dargestellt war.

Daneben stand die *Mutter* Erde. Sie war vielmehr die Repräsentantin alles *Gesteins* der Erde, und sie trug diese Metalle nicht aus sich selbst in die Erde, sondern eigentlich überreichte der Vater die Metallsubstanzen der Mutter Erde, und sie umgab die Metalle mit Gestein. So gibt es dann in der Erde diese Metalladern, die eine Art von Gefäßsystem sind; denn man muss sich vorstellen, dass alle Metalle eigentlich flüssig sind. In unserem heutigen Zustand der Erde hat nur Merkur das noch. Aber Merkur ist in diesem Sinn Sinnbild für alle Metalle, denn eigentlich sollten alle Metalle sich als Flüssigkeit durch die Erde bewegen. Wenn man sagt ‚Goldader', dann ist das noch ein Wort, das darauf hinweist.

Und da muss man sich die Tochter Persephone vorstellen, die diesen Schleier über die Erde webt, über das lebendige Reich der Erde. Das ist das, was wir dem Altertum an Bildern entnehmen können. Aber in unserer Zeit müssen wir etwas anderes tun, um noch zu diesen Bildern kommen zu können, denn wenn wir unmittelbar mit den Bildern anfangen, schauen wir eigentlich zurück in eine Zeit, in der das Bildbewusstsein noch da war. Wir sind aber daraus herausgewachsen, wir sind in die Vorstellungswelt hineingewachsen, und diese Vorstellungswelt, die führt zu der Welt der abstrakten Begriffe. Aus dieser Welt der *abstrakten* Begriffe müssen wir wieder *auferstehen* lernen – dadurch, dass wir ein Denken entwickeln, das sich so gestalten lässt, dass es den Übergang finden kann zu den Gestaltungen der sichtbaren Welt. Dann haben wir die Bilder wiedergefunden.

Und wie ich schon sagte, in diesem Übergang, da finden wir Persephone – und wir brauchen sie, diese Wesenheit, um die Verbindung wiederzufinden zwischen zwei Welten, die in uns getrennt bewusst da sind. Die Welt, die eigentlich eine Einheit ist, wo das Ich und die Welt ein und dasselbe sind, die ist für unser Bewusstsein getrennt in Außen und Innen. Wir erleben die Außenwelt als gegebene Wirklichkeit und unsere Innenwelt als subjektive Erzeugung. Und ich wiederhole es noch einmal: Wir müssen dazu kommen, dass wir das Innere als eine objektive Welt kennenlernen und dass wir dadurch, dass wir das nach außen führen – durch Proserpina hindurch, könnte man sagen –, dazu kommen, dass das Ich und die Welt wieder eins sein werden; nicht als Theorie, sondern als Wirklichkeit, als wirkliche Erfahrung.

Wir gehen jetzt den Weg vom Begriff zu einem Punkt, wo der Begriff mit dem Sinnesorgan in Berührung ist. Das lebt im Verborgenen, dazu hat man normalerweise nicht den Zugang, aber wir versuchen jetzt, den Zugang zu finden – und als Begleiterin brauchen wir dann Persephone.

Es muss wirklich eine Sinneswirklichkeit da sein, sonst ist es nicht ganz wirklich.

Wir werden es versuchen, anhand des Spruches, den wir haben, in dem die Natur von Persephone beschrieben steht – wer sie ist, was ihre Fähigkeiten, was ihre Wesenheit ist, und dann werden wir versuchen, in den kommenden Tagen diese verschiedenen Aspekte, die sie ist – also den Zusammenhang in der Begriffswelt und in der Sinneswelt –, zu durchdringen.

Es scheint, als ob die Außenwelt nach innen käme und dass wir innerlich nur ein schwaches Strömchen hätten, das darauf antwortet.

Es ist natürlich so, dass, damit wir uns als selbständige Wesenheit erleben können, ein Unterschied geschaffen werden muss zwischen Außenwelt und Innenwelt. Denn wenn das ein und dasselbe wäre, von Anfang an, dann könnte man sich nicht unterscheiden, dann würde man ausfließen in die Welt; Und die Welt würde ausfließen in uns, und wir würden keinen Halt haben. Damit wir einen Halt haben – das haben wir auch innerlich entwickelt –, muss es sein, dass es eine Innenwelt und eine Außenwelt gibt. Da wirkt die Kraft der Antipathie sehr stark, denn man muss wirklich Antipathie einsetzen, um sich selbst zu behaupten. Rein objektiv gesehen, ist es eine Antipathiekraft, die macht, dass wir die Außenwelt nach außen schieben und uns innerlich auf uns selbst stellen.

Was wir hier jetzt in diesen Tagen tun wollen, ist, dass wir die ‚Lage' wiederfinden, in der wir *eigentlich* sind. Wir haben dadurch, dass wir das Denken entwickeln, so viel Eigenkraft entwickelt, dass wir den Weg in die Außenwelt wiederfinden können, ohne das innerliche Sein zu verlieren. Die innerliche Sicherheit entsteht dadurch, dass wir immer bewusster mit dem Denken umgehen können, wodurch wir wissen, dass *ich bin*. Dadurch kann ich mit diesem ‚Ich-bin' im Denken *auch* in die Außenwelt hineingehen und die Verbindung wiederfinden, die die ursprüngliche ist, nämlich eine Einheit von Ich und Welt, aber dann neugeworden, so dass das Ich weiß, dass es Ich ist, und dass es sich nicht verliert in diese große Nicht-Ich-Welt.[2]

Teilnehmer: Und das ist dann doch auch die Stufe, dass die Sophia-Stufe, das Freiwerden von dem Gehirn-Denken, in Verbindung kommt mit der Sinneswahrnehmung? Darum ist die Verbindung mit den Sinnen dann doch auch neu, es ist nicht die automatische Verbindung, die wir sonst mit den Sinnen haben, sondern wenn wir von dem Sophia-Denken wieder in die Außenwelt gehen, ist das doch ein Anderes, als was wir durch das Gehirn, als unser normales Funktionierendes, haben?

Ja. Und wenn wir das auch vielleicht nicht wirklich realisieren können, dann ist doch der erste Schritt, dass wir es im Verstehen erleben können. Also das ist schon sehr viel, wenn das erlangt wird: dass man diese Gedanken wirklich *denken* kann.

Persephone ist wirklich das Sichtbarwerden der Ideenwelt. Und natürlich meine ich dann nicht das Sichtbarwerden im innerlichen Sinn, sondern dass es wirklich äußerlich sichtbar wird.

Hier haben wir den Spruch. Sie spricht zu uns:

---

[2] Siehe dazu auch das Kapitel ‚Wissenschaft' in: Mieke Mosmuller, Suche das Licht, das im Abendland aufgeht, Occident 1994.

Persephone

Nah'st du mir mit wahrer Wissenssehnsucht,
So will ich bei dir sein.

Und dann sagt sie, wer sie ist:

Ich bin der Keim und der Quell deiner sichtbaren Welt,
Ich bin die Summe des Lichtes, in dem du seelisch lebest,
Ich bin des Raumes Beherrscherin,
Ich bin der Zeitenzyklen Erzeugerin,
Mir gehorchen Feuer, Luft, Licht, Wasser und Erde.
Empfinde mich als alles Stoffes unstofflichen Ursprung.

Und weil ich auf Erden ohne Gemahl bin, so
Nenne mich ‚Maja'.[3]

Maja – Illusion.

Sie ist es, die die Lehrer von Chartres so sehnsüchtig gesucht haben, sie ist die Göttin Natura. Sie erlebten, dass sie sich zurückzog. Sie ist die eigentliche Naturwissenschaft, die wahre Naturwissenschaft, aber sie musste sich zurückziehen, weil eine andere Naturwissenschaft aufkommen musste und sie bei dieser nicht sein kann. Sie kommt jetzt erst wieder zum Vorschein, in Menschen wie uns, die eine wahre Wissenssehnsucht haben, die also nicht zufrieden sind damit, dass es nur eine abstrakte Erkenntnis gibt – wie wahr diese Erkenntnis auch sein möge –, sondern die sich nach einem Wissen sehnen, das wesenhaft ist. Sie, Persephone, kann uns das geben. Wir haben hier (im Berner Oberland) auch einmal die andere Persephone-Meditation gemacht: die mit den sieben Geistern:

Was ich spreche von meinem physischen Leib aus, ist Schein –
Ich muss sprechen von meinem Aetherleib aus,
zu dringen in die wahre Wirklichkeit:

---

[3] Rudolf Steiner, Zur Geschichte und aus den Inhalten der erkenntniskultischen Abteilung der Esoterischen Schule, GA 265, S. 277.

Ihr Geister unter der Erde drücket auf meine Fußsohlen.
Ich schreite über euch hinweg.

Ihr Geister der Feuchtigkeit streichelt meine Haut.
Ich drücke euch nach allen Seiten.

Ihr Geister der Luft füllet mein Inneres an.
Ich verbinde mich mit euch.

Ihr Geister der Wärme beseelt mein Inneres.
Ich lebe in euch.

Ihr Geister des Lichtes durchgeistet mein Inneres.
Ich denke mit euch.

Ihr Geister der (chemischen) Kräfte lähmet meine Kräfte
Ich will euch überwinden.

Ihr Geister des Lebens tötet mein Leben.
Ich erwarte euch im Tode.

So bin ich, dies sagend, im Aetherleibe.
Und ihr könnt kommen: Farben, Töne, Worte der ätherischen Welt.[4]

Das ist auch eine Persephone-Meditation, das ist eine Umwandlungsformel von leibesbedingter Erkenntnis, also Gehirnerkenntnis, zur ätherischen Erkenntnis. Aber da zeigt sich Persephone nicht, sie wird auch nicht genannt, es zeigt sich auch nicht, wer sie selbst eigentlich ist.

Das ist *hier* ganz deutlich ausgesprochen. Und wenn wir uns darin vertiefen, dann werden wir sie auch finden. Denn wir werden uns ihr nähern, und sie sagt: ‚...so will ich bei dir sein'. Also wird sie kommen, wenn wir sie suchen.

---

[4] GA 268, S. 97.

‚Ich bin der Keim und der Quell deiner sichtbaren Welt, ich bin die Summe des Lichtes, in dem du seelisch lebest, ich bin des Raumes Beherrscherin, ich bin der Zeitenzyklen Erzeugerin, mir gehorchen Feuer, Luft, Licht, Wasser und Erde. Empfinde mich als alles Stoffes unstofflichen Ursprung. Und weil ich auf Erden ohne Gemahl bin, so nenne mich Maja.'

Teilnehmer: Das Letzte verstehe ich nicht. Wir sprechen doch die ganze Zeit von Wahrheit – und jetzt taucht plötzlich das Wort Maja auf, ‚nenne mich...'.

Ja, das ist, was Rudolf Steiner gesagt hat: Nicht Persephone ist die Illusion, nicht dasjenige, was sich schafft in Bergen und Pflanzen und Wolken und Sternen, ist Illusion; sondern so, wie du schaust, das ist die Illusion. Also wir nennen sie Maja, weil wir selbst nicht imstande sind, sie in einer Wirklichkeit zu sehen.

Teilnehmer: Ist mit – ‚weil ich auf Erden...' –, ist damit angedeutet, dass unser Schauen illusionär ist?

Ja, man muss sich vorstellen, dass auf Erden eine starke Macht wirksam ist, die diese Illusion schafft. Und das ist nicht ihr Gemahl, das ist Ahriman, der der Bringer der Illusion der sinnlichen Welt ist.

Teilnehmer: Man könnte ihn den Typhon aus den ägyptischen Mysterien nennen, der Osiris getötet hat. Dadurch ist Isis ohne Gemahl; der Osiris muss zurückkommen, und dann ist sie wieder mit ihrem Gemahl zusammen. Ich denke, im Menschen muss der Osiris zurückkommen; so stelle ich mir das vor, wenn ich das lese.

In diesem Prozess kann man lernen, dass alles in der Welt Wesenheit ist. Und wenn man das große, allumfassende göttliche Wesen Christus nennt, so sind alle übrigen Wesenheiten Glieder von Ihm, und deshalb ist es manchmal schwierig zu unterscheiden. Es klingt so, als ob es der Christus ist, aber das ist er nicht. Wenn man genau denkt, dann *weiß* man auch, dass das etwas anderes ist – dass es etwas anderes ist, ob man sagt: ‚Ich bin das Licht der Welt' oder sagt: ‚Ich bin die Summe des Lichtes, in dem du seelisch lebest'.

Ich hoffe, dass wir diese Unterschiede erleben können, in den kommenden Tagen, denn das ist natürlich an sich die Entwicklung des reinen Denkens: dass man *so* fein unterscheiden lernt, dass man nicht sagt: ‚Ach, Licht, das ist Er.' Ja, natürlich, aber das Licht hat viele Eigenschaften, und Persephone ist *eine* Eigenschaft darin, ist eine Teilwirksamkeit im Licht, nämlich da, wo das Gedankenlicht sinnliches Licht wird, wo wir innerlich Licht erleben; und dann, dass wir ein Auge haben, das das Licht bis in das Innere hinein erlebbar machen kann. Das ist Persephone.

Noch ein Stückchen Rudolf Steiner über diese Entwicklung der geistigen Persephone-Qualität:

‚Nehmen wir an, wir haben in dieser Welt, in der wir zwischen der Geburt und dem Tode stehen, einen Berg. Der Berg ist uns für diese Welt recht dicht. Wir schauen ihn zunächst von der Ferne. Er wirft uns das Licht zurück, das ihm die Sonne gibt. Wir sehen ihn in seinen Formen, in seinen Konturen. Wir gehen hin. Wir kommen ihm näher und immer näher. Wir fühlen, daß er uns Widerstand bietet, wenn wir ihn betreten. Er macht auf uns den Eindruck des Realen. Jetzt sind wir in einer anderen Welt. Alles das, wovon wir gesagt haben, es ist fest, das hört auf, scheint es, eine Bedeutung zu haben, und es ist etwas, was wie aus dem Berg herauskommt, immer größer und größer wird, was uns den Eindruck macht einer anderen Realität.

Und weiter, wir sehen, wenn wir hier in der alltäglichen Welt stehen, über dem Berg die Wolke. Wir sind überzeugt, die ist da oben als zusammengedichteter Dunst. Sie hört ebenso auf, ihre Realität zu haben. Wiederum etwas ganz anderes kommt heraus aus dieser Wolke. Was da herauskommt, verbindet sich mit dieser nach und nach verschwindenden Wolke und dem Berg, und etwas Neues kommt heraus, eine neue Realität ist da, was nicht etwa bloß ein Nebel ist, sondern was Gestalt hat. Und so mit allen Dingen. Wir sehen eine Menge Dinge hier, zum Beispiel viele Menschen. In dem Augenblick, wo sie in die geistige Welt eintreten, verschwinden die scharfen Konturen. Sie müssen sich schon zu dem Gedanken bequemen, meine Damen, daß man all Ihre schönen Kleider dann nicht mehr sieht. Dagegen ersteht aus alledem, was da sitzt, das Seelisch-Geistige. Aber aus der Umgebung kommt dasjenige heran, was geheimnisvoll in Luft und in der ganzen Umgebung waltet. Das kommt heran. Eine neue Welt entsteht. Und in dieser Welt ist der Tote nach dem Tode.

Aber nun werden wir ein anderes gewahr. Wir bemerken ein anderes. Wenn diese Welt nicht wäre, in die wir jetzt eingetreten sind, wenn diese Welt nicht überall auch vorhanden wäre, wo die Welt vorhanden ist, die wir zwischen Geburt und Tod durchblicken, dann hätten wir keine Augen und keine Ohren, überhaupt keine Sinne als Menschen. Denn die Welt, die der Chemiker beschreibt, der Physiker beschreibt, die kann uns keine Sinne geben. Wir wären ganz ohne Sinne, wir wären blind und taub. Die Sinne würden sich nicht in uns bilden.

Sehen Sie, das ist das Überraschende gewesen, als dieser Brunetto Latini von Spanien herübergekommen ist, in die Nähe seiner Vaterstadt Florenz gekommen ist und diesen leisen Sonnenstich hatte und dadurch versetzt wurde in diese andere Welt. Da merkte er: Deine Sinne hast du aus dieser anderen Welt. Du wärest als Mensch sinnenlos, wenn diese andere Welt nicht durchdränge die gewöhnliche Welt, die du sonst siehst. Du stehst also als Mensch dadurch, daß dir deine Sinne eingesetzt sind in deinen Körper, im Zusammenhang mit dieser zweiten Welt.

Und zu allen Zeiten hat man diese zweite Welt – wir können den Ausdruck beibehalten – die Welt der Elemente genannt. Da drinnen hat es keinen Sinn, zu sprechen von Sauerstoff, Wasserstoff, Stickstoff und so weiter. Davon können wir reden zwischen Geburt und Tod. Da drinnen hat es nur einen Sinn, zu sprechen von den Elementen Erde, Wasser, Luft, Feuer und Licht und so weiter. Denn das Spezifische von Wasserstoff, Sauerstoff und so weiter hat gar keinen Bezug zu unseren Sinnen. Was der Chemiker findet an dem Geruch von Veilchen oder von Asa foetida, daß das eine einen sehr sympathischen, das andere einen höchst unsympathischen Geruch hat, was da chemisch gefunden wird, mit Namen von Stoffen bezeichnet wird, hat keine Bedeutung. Dagegen ist das alles, was da wirkt als Geruch, durchgeistigt. Luftförmig müßte man es bezeichnen im Sinne der Welt, in die der Tote unmittelbar nach dem Tode eintritt, aber differenzierte Luft, überall durchgeistigte Luft. So daß unsere Sinne wurzeln in der Elementenwelt, in der Welt, wo es noch einen Sinn hat, von Erde, Wasser, Feuer, Luft zu sprechen.

[…]

Aber dieses ganze Gehirn, das sich aufstülpt aus den nach rückwärts gehenden Sehnerven, Gehörnerven und so weiter, dieses ganze Gehirn, das uns so wertvoll ist als Menschen, das hat ja nur eine Bedeutung zwischen Geburt und Tod. Was da in der Schädeldecke drinnen noch besonders aufgestülpt ist beim Menschen, hat nur eine Bedeutung für das irdische Leben. Das Gehirn ist das Allerunbedeutendste für die geistige Welt. Daher muß man schon das Gehirn wieder ausschalten, wenn man nur in die erste Welt, die an die unsere angrenzt, hineinkommen will. Das Gehirn muß man ausschalten. Das ist ein furchtbar störendes Organ für die höhere Anschauung. Und man muß mit dem ausgeschalteten Gehirn gleich wiederum in den Sinnen leben, aber jetzt in die Sinne hineingedrückt haben das erweckte Spirituelle; dann bekommt man die Imagination. Die Sinne nehmen sonst Sinnesbilder wahr in der äußeren physischen Welt und die setzt das Gehirn um in die abstrakten Gedanken, in diese toten, abstrakten Gedanken. Schaltet man das Gehirn aus, lebt man wiederum in den Sinnen, dann empfindet man alles wiederum in Imaginationen. Das wird man gewahr. Dann eben weiß man auch, daß das Untertauchen in tiefere Lebenszustände verbunden ist mit dem Entwickeln höherer geistiger Bewußtseinszustände, als wir sie im gewöhnlichen Leben haben.' [GA 243]

Also, was wir hier versuchen, das ist, dass wir zuerst ein reines Denken entwickeln, wo das Gehirn nicht mehr mit tätig ist, und dass wir dann den Übergang suchen zu unseren Sinnen, wo diese Umbildung der Gedanken in eine bildende, bildreiche Welt stattfindet.

Aber – wir gehen davon aus, was für uns erlebbar ist. Und das sind diese Anweisungen, die in dem Spruch liegen, den wir bekommen haben über Persephone; wo wir uns zuerst in die Tatsache vertiefen können, dass Gedanken ihre Gestalt ändern können, so, dass sie sinnliche Gestalt annehmen.

Das werden wir dann morgen weiter versuchen zu verfolgen. Denn es ist doch, denke ich, bei allen Menschen ein Bedürfnis da, dass wir als Menschen geheilt werden, dass wir *ganze* Menschen werden, dass wir nicht in zwei Welten zu leben brauchen, sondern dass wir wissen, dass die Welt außen auch die Welt innen ist, und dass die Welt innen auch die Welt außen ist. Und schon wenn wir nur dazu kommen können, das zu *wissen* – wenn wir es auch noch nicht in dieser Großartigkeit erleben können –, ja, dann hat das Leben unglaublich an Wert gewonnen.

FÜNFTE STUNDE

Wenn man Ahriman erkennen lernen will, dann kann man sich in die Erkenntniskultische Abteilung der frühen Arbeit von Rudolf Steiner vertiefen. Da gibt es eine Beschreibung der Aufnahme in die Grade der Freimaurerei, wie sie von Rudolf Steiner geführt wurde. In diesen Texten steht genau beschrieben, was die Aufnahme-Anforderungen waren – was mussten die Menschen, die in diese Grade aufgenommen werden wollten, wissen, und was mussten sie leisten können?[5]

Da gibt es in dem zweiten Grad eine Auseinandersetzung mit Ahriman, und das ist sehr lesenswert. Man lernt, einzusehen, dass von einer gewissen Zeit an der Weg, den der Mensch in der Erlangung der Erkenntnisse wandeln muss, wesentlich von Ahriman geführt wird.

Das findet in unserer Zeit seinen Höhepunkt, das ist jetzt wirklich sehr stark der Fall. Und in unserer Zeit haben wir es sehr schwer, in uns selbst diese ahrimanischen Einflüsse zu erkennen, denn er will natürlich nicht erkannt werden, er verbirgt sich. Wir haben es schwer, ihn zu erkennen, in uns selbst, und dann auch genau zu wissen, wie er seine Antworten gibt. Die Verstandesnüchternheit, die wir einerseits natürlich auch preisen müssen, die macht es uns unmöglich, in die Tiefen der Seele und des Geistes hineinzuschauen.

Es ist deshalb für uns notwendig, dass wir uns in eine gewisse Stimmung bringen können, wo Ahriman es nicht ‚aushält' – so kann man es sagen. Wenn man eine rein menschliche Stimmung in sich selbst, in seiner Seele, kultiviert, dann kultiviert man in sich eine Sphäre, wo er es nicht aushalten kann. Das ist etwas, was in der Mystik im Mittelalter, man könnte sagen hervorragend gepflegt wurde.

Wir finden dann bei Goethe etwas Wunderbares darüber, und ich kam darauf, weil ich in diese erkenntniskultischen Dokumente meditativ hi-

---

[5] Eine gute Zusammenfassung dieser Texte ist zu finden in dem Buch von Thomas Meyer: ‚Der neue Kain' (Perseus Verlag).

neingegangen war und dann auch fand, dass da der Schüler nach den drei oder vier Ehrfurchten gefragt wurde. – Dann kommt natürlich eine Sehnsucht auf, zu wissen, was denn eigentlich diese drei oder vier Ehrfurchten sind. Die Antwort steht nicht da, man kann sie da also nicht finden; die Frage steht da, aber die Antwort steht nicht da.

Goethe hat über drei oder vier Ehrfurchten in seinem ‚Wilhelm Meister' gesprochen. Es gibt da eine Beschreibung einer Pädagogik, in der die Kinder eine gewisse Ehrfurchtsschulung durchmachen sollten. Es ist dann sehr interessant, was Rudolf Steiner darüber sagt. Ich habe das auf Papier ausgedruckt.

(Es wird verteilt. Siehe Anhang).

Wenn man Kindern bestimmte körperliche Haltungen der Ehrfurcht beibringt – also nicht eine theoretische Auseinandersetzung gibt, keine Lehre darüber, was Ehrfurcht eigentlich ist, oder die Anweisung, ‚du sollst ehrfürchtig sein', oder so etwas –, wenn man den Kindern eine gewisse Schulung in äußerlichen Haltungen gibt, wenn das wirklich Gewohnheit geworden ist, dann machen sie später, wenn sie erwachsen geworden sind und das vielleicht auch ganz vergessen haben, aber in eine Stimmung kommen, die eigentlich nach Ehrfurcht fragt, aus Gewohnheit *innerlich* diese Gebärden, auch wenn sie vielleicht äußerlich etwas ganz anderes tun. Das ist der Ätherleib, der aus Gewohnheit immer wieder diese Gebärde macht, wenn sie so eingeübt worden ist. Wir haben wahrscheinlich diese Schulung als Kinder nicht gehabt, ein bisschen vielleicht im Gottesdienst, aber Goethe gibt da drei Ehrfurchten.

Und wir können das natürlich auch als Erwachsene einmal tun, diese drei Haltungen – und dann gibt es eine vierte, und diese hat nicht wirklich eine Haltung, keine Gebärde, keine äußerliche Gebärde, und es ist auch eine gefährliche; diese vierte kann man erst haben, wenn man die anderen drei hat.

Also wenn wir einmal aufstehen und es ausführen…

Dann gibt es zuerst die *Ehrfurcht vor dem Höheren*, und da haben wir die Arme vor der Brust gekreuzt, und wir blicken nach oben.

Als zweites haben wir die *Ehrfurcht vor demjenigen, was unten ist*, und dafür kreuzen wir die Hände auf dem Rücken und schauen nach unten.

Und dann gibt es eine dritte, da brauchen wir etwas mehr Raum. *Ehrfurcht vor allem, was in unserer Umgebung, horizontal, ist*: Arme ausgebreitet, und wir blicken nach links und wir blicken nach rechts.

Das vierte ist dann die *Ehrfurcht vor sich selbst* – und es ist selbstverständlich, dass das erst nach den drei anderen gespürt werden darf, weil es eine gefährliche Art von Selbsterhebung in sich trägt. Aber als Menschen, die meditieren, können wir das natürlich besser hantieren, nämlich dadurch, dass man weiß, welches Selbst da gemeint wird.

Teilnehmer: Wenn du nach den Seiten schaust, nimmst du dann das, was du siehst, in dich auf?

Darum geht es nicht, es geht um die Gebärde, dass man die Arme ausbreitet und von links nach rechts schaut, oder von rechts nach links; der Blick ist nach außen gelenkt. Also wo man auch ist und man hat mit dem Horizontalen zu tun, zum Beispiel in allem sozialen Umgang, da ist das die Haltung: dass man um sich herum schauen kann und sich nicht wehrt; man ist ganz verletzbar auch, geöffnet.

Teilnehmer: Man würde eigentlich auch eine betende Haltung erwarten, würde ich sagen, aber das ist jetzt nicht dabei.

Man könnte sagen, dass es das eigentlich ist – dass man innerlich, wenn man betet, sich so im Ätherleib hält, ob man nun kniet oder die Hände faltet oder so, eigentlich macht der Ätherleib diese Gebärde.

Die Ehrfurcht ist natürlich in unserer Zeit etwas, was vielleicht verschwunden zu sein scheint. Und ich begegne auch vielen Menschen, die das abweisen, die das auch nicht *wollen*, die das als eine Schwäche oder ein Sich-untertan-Machen erleben oder das Gefühl haben, sich selbst aufzugeben oder so etwas. Aber Tatsache ist, dass wir in der Meditation keinen Schritt weiterkommen können, wenn wir nicht mit Ehrfurcht meditieren.

Da kann man natürlich sagen: ‚ja, das will ich nicht' – aber dann muss man mit dem Meditieren aufhören, denn es hat keinen Sinn, wenn man mit der gewöhnlichen Stimmung meditiert. Vielleicht gibt letztendlich die Meditation selbst die Ehrfurcht, aber das ist natürlich doch ein merkwürdiger Gang, wenn man das so umgekehrt machen würde.

Man könnte sich vorstellen, dass ein Philosoph, der an der Erkenntnistheorie Rudolf Steiners interessiert ist und der das mit seiner Nüchternheit dennoch treu und kräftig macht, dann allmählich die Ehrfurcht doch entwickelt. Also ganz unmöglich ist nie etwas. Aber der Weg ist viel *mehr* offen und geebnet, wenn wir diese Ehrfurcht in uns wecken können.

Und vielleicht ist es nicht einmal eine schlechte Idee, eine Meditation mit einer solchen körperlichen Haltung anzufangen. Wenn man das tut – das habt ihr vielleicht bemerkt –, wenn man das etwas länger aushält, dann fängt das an, zurückzuwirken, dann fühlt man, dass die Körperhaltung eine Art von Lehrmeister ist, der bis in das Gefühl hinein etwas ausspricht. So könnte ich mir vorstellen – weil wir es in unserer Zeit mit dieser Stimmung so schwer haben und es eigentlich auch nicht gelernt haben und kaum noch die Stelle in der Seele finden, wo sie eigentlich zuhause ist –, dass es dadurch, dass wir diese drei körperlichen Gebärden machen, für uns leichter wird.

Teilnehmer: Ich habe gemerkt, letztes Jahr, in der Meditation, dass die Übung ‚Ich denke die Rede' für mich ähnlich wirkt.

Ja – es sind Gebärden, die dem Astralleib und dem Ätherleib entsprechend sind, und da ist natürlich die Ehrfurcht eine Selbstverständlichkeit. Aber diese Gebärde für Ehrfurcht vor dem Höheren und auch vor – ich will nicht sagen dem Niedrigeren, sondern – dem Unteren, was der ‚Fußwaschung' entspricht, das sind doch wiederum wesentlich andere Gebärden als diese Gebärden aus ‚Ich denke die Rede'. Aber man könnte für die Erwachsenen die Ehrfurcht vor dem Höheren auch so machen wie bei ‚Ich suche mich in mir'.

Es gibt natürlich auch *innerliche* Möglichkeiten, sich mit der Ehrfurcht bekannt zu machen.

Und dafür gibt es zum Beispiel einen Vortrag von Rudolf Steiner, der steht in *Metamorphosen des Seelenlebens*.[6]

Da wird eine ganz andere Gebetsstimmung beschrieben als das, was wir gewöhnlich Gebet nennen, denn es geht da wirklich um die Stimmung und nicht um die Bitte. Es geht da also nicht darum, dass wir etwas wollen oder erreichen wollen oder hoffen, dass wir etwas Konkretes bitten, sondern es geht um die Entwicklung einer Stimmung.

Rudolf Steiner beschreibt da, dass diese Stimmung der mystischen Stimmung eigentlich noch vorausgeht, und die mystische Stimmung geht der geisteswissenschaftlichen Stimmung voraus. Man kann sich dann vorstellen, dass man, wenn man geisteswissenschaftlich arbeiten will, eigentlich eine Stimmung der Mystik haben muss; aber die Stimmung der Mystik, die fordert wiederum eine andere Stimmung, und das ist diese Gebetsstimmung. Es ist eine ganz tiefe Einprägung der Seele mit etwas, was im gewöhnlichen Leben überhaupt nicht da ist.

Es hat mit diesem ahrimanischen Einfluss zu tun, dass sie nicht da ist, diese Stimmung. Ahriman pulst ganz durch uns hindurch, und wir müssen wirklich auf die *Suche* gehen, aktiv, um eine Stimmung in uns zu kultivieren, wo diese Gegenmacht nicht sein will. Denn das ist natürlich eigentlich ziemlich selbstverständlich, dass, wenn man in sich eine Sphäre erzeugen kann, die er nicht erträgt, er dann natürlich auch nicht da ist.

Und diese Stimmung des Gebetes, die Rudolf Steiner da bespricht, die möchte ich mit euch üben. Das ist dann natürlich auch wiederum etwas, was viel Übung verlangt, was man sicher nicht an einem Morgen zustande bringt. Aber es sind alles immer Anregungen, um zu einer Selbsterkenntnis kommen zu können: Inwieweit haben wir das schon in uns erlangt und inwieweit ist das noch unentwickelt und können wir daran arbeiten?

---

[6] GA 59. Das Wesen des Gebets.

Der erste Schritt ist dann, dass wir uns auf unsere Lebensgeschichte besinnen, auf unsere Biografie bis jetzt, und dass wir versuchen, in der Selbsterkenntnis zu schauen, was da alles *nicht gemacht* worden ist, was liegengeblieben ist, was wir eigentlich aus den Tiefen der Seele tun möchten und doch nicht tun. Man hat also da ein moralisches Urteil über sich selbst zu fällen: dasjenige, was ich geworden bin und was ich vernachlässigt habe. Was will ich eigentlich und was mache ich doch nicht; was wollte ich und was habe ich nicht zustande gebracht? Das ist die Besinnung, auf die es dann ankommt. Und es geht dabei natürlich nicht um Äußerlichkeiten – nicht, dass ich eigentlich eine reiche Frau hätte werden wollen und das nicht geworden bin oder so etwas. Sondern es geht natürlich um die Frage: Was treibt mich eigentlich, und was kommt davon zustande?

Lasst uns dies also einmal versuchen, nicht allzu lange – wir können natürlich nicht unsere ganze Biografie übersehen, aber wir können ein paar Elemente daraus auswählen und sehen, wie das da ist.

(Es wird meditiert).

Man muss dann die Aufmerksamkeit auf die zwei Wesenheiten in uns lenken: das alltägliche Selbst, das wir geworden sind, und ein anderes Selbst, das viel mehr will und kann, aber es doch nicht durch das alltägliche Selbst hindurch verwirklichen kann. Und dieses Höhere, das, was eigentlich in uns lebt, was aber nicht voll verwirklicht werden kann, das nennt der Mystiker: der Gott in mir. Das ist das Fünklein Gottes. Und das kann eine reale Empfindung werden, gerade indem wir diese Unterschiedlichkeit so stark wie möglich empfinden, und dadurch wird die Stimmung der Ehrfurcht vor dem Höheren in uns geweckt.

(Es wird weiter meditiert).

Teilnehmer: Dieses Fünklein, muss man das in seiner eigenen Seele suchen, oder ist das etwas, was mehr von außerhalb auf die Seele einwirkt? Denn in der Mystik wird das wirklich im Inneren gesucht, und in der Anthroposophie ist es doch mehr so, dass man das außerhalb vorstellt?

Man kann sich vorstellen, dass man das innerhalb der Seele erlebt, wo die Seele zwei Seiten hat: die gewöhnliche, alltägliche Seele, die denkt, fühlt und will, und eine Wesenheit, die auch seelisch ist, die auch die vorherigen Inkarnationen umfasst und die göttliche Weisheit umfasst, und die auch der höhere Wille ist, der Erziehungswille, der Selbsterziehungswille, der Impuls, dass wir zum Beispiel zu den Seminaren hier kommen. Das ist etwas Besonderes, dass es eine Gruppe von Menschen gibt, wo jeder Mensch den Willen hat, sich für ein paar Tage aus dem gewöhnlichen Leben zurückzuziehen und sich einem Entwicklungsweg hinzugeben.

Ich möchte das jetzt rein in der *Stimmung* halten; also eigentlich nicht sich darüber weiter Fragen stellen, als nur diesen Unterschied stimmungsmäßig erleben, zwischen dem alltäglichen Selbst, das sich im Leben so und so gestaltet hat, und einer anderen Kraft in der Seele, die eigentlich viel mehr weiß, viel Höheres will, auch eigentlich weiß, dass es *möglich* wäre – und trotzdem ist es nicht möglich geworden.

Teilnehmer: Es ist nicht nur Ehrfurcht, sondern auch tröstend, merke ich; ich kann mich wenigstens mal aufregen, dass ich Sachen nicht gemacht habe, oder vergessen, oder verschlafen, und in diesem Gedanken oder in diesem Gefühl ist auch etwas Tröstendes.

Es wird eine Stimmung, weil da eine Kluft spürbar wird.

Es ist eigentlich in jeder Meditation spürbar, dass ich meditiere mit dem Willen, das in einer Art Vollkommenheit zu machen, und es wird nie so vollkommen, wie ich es eigentlich will. Das ist ein sehr naheliegendes Beispiel. Auch, wenn man sehr geübt ist in der Meditation, ist es doch nie so vollkommen, wie es sein könnte, und man weiß genau, dass das so ist. Und so ist das ganze Leben auf Erden. Da ist der Wille, der eigentliche Wille, das eigentliche Gefühl und die eigentliche Erkenntniskapazität unendlich groß, aber es kommt nur ein kleines Stückchen davon zustande.

Diese Zweiheit, das gibt eine Stimmung – und da muss man zuerst natürlich denken oder eigentlich auch der Wirklichkeit nach ein bisschen phantasieren, seinen Gefühlen auch ein bisschen Farbe geben, denn sonst bleibt es doch noch immer nur Gedanke. Aber so ein Beispiel wie eine Meditation oder das Hiersein … ich sagte gestern: Eigentlich haben wir nur vier Tage, und wir dürften im Grunde keine Minute verschlafen, und das will auch keiner – und trotzdem werden Minuten verschlafen, und genau das ist es. Wenn man dann in diese Stimmung kommt, in der Meditation, dann wird das im großen, im ganzen Leben gesehen – und da ist es natürlich noch viel, viel stärker der Fall, denn da werden wir ganz aus der ursprünglichen Willenstätigkeit herausgerissen durch alles, was geschieht. In der Meditation und hier im Seminar ist es noch ziemlich heilig, was wir schaffen. Da könnte man sich darin üben, diesen Unterschied zu empfinden – und das ist eine Stimmung.

Teilnehmer: Ich hatte das Gegenteil von Trost. Ich habe sehr stark gefühlt, dass dieser wunde Punkt in der Diskrepanz liegt: zwischen demjenigen, was ist, und demjenigen, was sein könnte – dass da der Schmerzpunkt und diese Ohnmachtsgefühle liegen.

Da spielt das Temperament natürlich auch eine Rolle. Was und wo fühlt man? Das ist natürlich so, aber es geht um diese Diskrepanz, wie auch immer man es dann empfindet.

Wenn man das sehr extrem sieht, diese zwei Seiten, könnte man sagen, dass diese höhere, göttliche Natur in uns – dass das eigentlich fortwährende *Gnade* ist. Wir könnten fortwährend begnadet sein, die Gnade ist immer da, aber wir nehmen sie nicht an, weil die andere Seite anderen Dingen nachläuft. Ich würde nicht sagen, dass es *Momente* der Gnade gibt, sondern dass Gnade eigentlich in fortwährender Fülle uns gegeben ist und dass wir sie, Ihn, nicht nehmen, weil wir zu einer anderen Seite blicken.

Teilnehmer: Ich glaube, dass man in sehr schweren Stunden das Gefühl bekommt, dass man in der Gnade steht, weil kein Wollen mehr da ist. Es kann der Punkt kommen, wo man sich eigentlich hingibt, wo man nicht mehr will. Wenn man dann, irgendwann, meint, man hat wirklich alles verloren, es ist nichts mehr da … ich glaube, dann kann es entstehen.

Es wäre natürlich eine wunderbare Aussicht, wenn das auch existieren könnte, wenn man noch alles *hat*. Das wäre Freiheit.

Dann haben wir noch die zweite Seite der Gebetsstimmung zu erleben.

Die erste Stimmung hat mit der Vergangenheit zu tun, die zweite Stimmung wird geweckt durch eine Besinnung auf unsere Beziehung zur Zukunft. Da können wir nicht biografisch Tatsachen anschauen, denn es gibt sie noch nicht, das muss sich alles noch vollziehen.

Wir haben nun von Natur aus eine bestimmte Stimmung gegenüber der Zukunft. Wenn es positiv ist, kann es Hoffnung sein, aber es ist beim Menschen immer gemischt mit Angst und Furcht, und das sind, wie soll ich sagen, engmachende Kräfte, verengende Kräfte, da verschmälert man seine Möglichkeiten. Durch die Angst macht man seine Aussicht, die ganz groß und weit ist, selbst beschränkt. Also Angst und Furcht vor der Zukunft nehmen uns unsere Möglichkeiten, in die Zukunft hinein diese höhere Kraft, die wir in uns tragen, auch wirklich walten zu lassen. Was in der Vergangenheit nicht gelungen ist, das ist vor allem nicht gelungen, weil es eine Zukunft gab, die uns Angst gemacht hat.

Wenn wir uns jetzt darauf einlassen, dass es eine Möglichkeit gibt, der Zukunft ganz hingegeben entgegenzuleben, dann kann man eigentlich unmittelbar spüren, dass es ein Weitmachen des Herzens gibt, und dass da all diese ‚arteriosklerotischen' Prozesse, die nicht nur physisch, sondern auch seelisch und geistig stattfinden – durch die Furcht und die Angst vor der Zukunft –, dass die sich auflösen. Das kann man eigentlich unmittelbar spüren, wenn man den Gegensatz versucht zu empfinden zwischen einerseits Angst vor der Zukunft, vor dieser finsteren, noch nicht gestalteten biografischen Welt, und andererseits einem möglichen offenen Vertrauen, was auch immer die Zukunft bringen wird.

So muss man es doch sehen. Rückwärts ist alles gestaltet, da kann man auch nichts mehr ändern, aber nach vorne zu ist es gar nicht deutlich, was es werden will, und da hat man diese Angst, ob es gut gehen wird. Aber gerade das könnten wir empfinden: dass, wenn wir nicht diese Angst vor dieser finsteren Wolke der Zukunft hätten, sondern eine Ergebenheit haben könnten gegenüber allem, was auf uns zukommt – dass dann auch diese Gnadenkräfte voll wirksam werden könnten.

Das können wir dann noch in einer Stimmungs-Meditation versuchen, uns so deutlich wie möglich vorzustellen. Dass die Zukunft unbekannt ist, noch gar nicht gestaltet – sie ist natürlich gestaltet, aber wir sehen das nicht –, und so, wie wir gegenüber der Vergangenheit eine gewisse Reue fühlen können, dass wir nicht geworden sind, wer wir eigentlich werden wollen oder könnten, so können wir jetzt spüren, dass wir in jedem Moment auch wiederum unmöglich machen, dass wir werden, wer wir sein wollen, indem wir es *selbst* so eng machen, zu einer Art von Tunnel, durch den wir dann hindurchgehen.

(Es wird meditiert).

Unter den Teilnehmern wird hingewiesen auf das Neue Testament: ‚Sorge nicht um den morgigen Tag, er sorgt für sich selbst.'; auf die Parabel vom Sämann, auf das Unkraut, das die Aussaat erstickt.

SECHSTE STUNDE

Ich habe in ‚Suche das Licht…' versucht, aufzuschreiben, was für uns moderne Menschen möglich ist, wenn wir den Weg finden wollen von dem abstrakten naturwissenschaftlichen Denken zu dem lebendigen reinen Denken, das dann auch ein in gewissem Sinn religiöses Denken ist.

Ich habe da das Wort ‚Religion' buchstäblich auffassen wollen in dem Sinne, dass man sich als moderner Mensch im Denken auf jeden Fall ganz gottverlassen fühlt, dass man da eigentlich den Gott im Denken nicht hat und ihn deshalb auch leugnen kann: man kann auch sagen, er existiert nicht, denn man hat ihn da nicht. Aber wenn das Denken so entwickelt wird, dass es den Willen wieder in sich aufnimmt, dass also *mit Willen gedacht* wird, nicht einfach automatisch, sondern ganz gewollt gedacht wird, dann findet dieses Denken den Gott als führenden Logos wieder, und dann kann man den Gott überhaupt nicht mehr leugnen, dann ist es unmöglich geworden, noch zu sagen, er existiert nicht, weil man nicht sagen kann, dass etwas nicht existiert, wenn man seine Existenz so intensiv erlebt. Das ist Wiederverbindung, das ist Religion.

Das habe ich in ‚Suche das Licht…' versucht zu beschreiben. Und als dann in gewissem Sinne die Frage kam: Kannst du das nicht auch noch einmal in einer anderen Art beschreiben, so dass es für Menschen aufzunehmen ist, die nicht verstehen können, was eine philosophische Sprache ist? – habe ich ‚Mutter eines Königs' geschrieben, aus einer Intuition heraus. Man muss sich dann vorstellen, dass ich nie einen Plan habe, auch nicht bei ‚Suche das Licht…', also nicht vorab schon eine Idee, was da geschehen wird, aber ich weiß natürlich ganz genau, was ich ausdrücken möchte. Ich habe dann in Personen versucht, auszudrücken, was der heutige Mensch erlebt, wenn er in Europa aufwächst und wenn er dann zur Schule geht, zur Universität geht, Wissenschaftler wird – was dann mit der Seele und in der Seele vorgeht, sogar, wenn es eine Person ist, die innerlich sehr hoch entwickelt ist.

Wir haben das auch in der Erzählung über den Gottesfreund vom Oberland gehört, dass dieser Mensch, dieser Gottesfreund, der Führer dieser Gottesfreunde, in seiner Jugend doch ein gewöhnliches Leben geführt hat; dass er in eine reiche Familie hineingeboren wurde, dass er da die gewöhnlichen Lebensaufgaben gehabt hat und auch den gewöhnlichen Genüssen und Leidenschaften gefolgt ist – bis zu jenem Abend vor seiner Hochzeit, wo das Kruzifix lebendig wurde, die Gestalt am Kruzifix lebendig wurde, und ihm sagte, dass er eine ganz andere Aufgabe habe.

Ich habe an solche Dinge nicht gedacht, als ich diesen Roman geschrieben habe, ich möchte damit nur ausdrücken, dass der wirkliche Mensch in der heutigen Zeit daran zu leiden hat, dass er in seiner Seele erleben muss, dass die Lebendigkeit der Seele allmählich abstirbt. Also dass der Mensch in seiner Kindheit innerlich noch ganz lebendig ist, dass aber dadurch, dass er zur Schule gehen muss und dann allmählich in das abstrakte Denken sich hineinführen lassen muss – es wäre auch nicht richtig, wenn er das nicht erleben würde, aber *wenn* er das erlebt, dann kommt einmal der Augenblick – und das ist so um das 28. Jahr herum, so ungefähr nach dem Universitätsstudium –, wo ein aufmerksamer Mensch erleben würde, dass da die ursprüngliche Lebendigkeit der Seele ganz gestorben ist, dass das gänzlich eine tote Welt geworden ist, die Welt der wissenschaftlichen Ideen.

In ‚Mutter eines Königs' hat man da den Jungen – und ich habe dabei überhaupt keinen Ort vor Augen gehabt, das ist erst später gekommen –, und diesen Jungen haben wir als eine Art Vorbild für das, was ein Mensch eigentlich ist. Er hat in seiner Jugendzeit noch die alte Persephone-Hellsichtigkeit, könnte man sagen, Persephone lebt für ihn noch wirklich als Natur um ihn herum. Aber im Laufe seines Medizinstudiums verliert er allmählich diese Hellsichtigkeit – es fängt schon viel früher an –, aber er verliert allmählich diese Erfülltheit in der Anschauung der Natur, die Erfüllung, die Seligkeit, die der Mensch hat, wenn er sich in der Erkenntnis mit der Natur verbunden fühlt. Diese verschwindet allmählich, und in der Zeit, wo ein Jüngling in die Pubertät hineinkommt, da tritt bei *diesem* Jüngling auf, dass er die eigene Seele außerhalb seiner selbst schaut.

Jeder Mensch bekommt, könnte man sagen, wenn er die Geschlechtsreife erreicht, eine Art von Bewusstsein der eigenen Seele. Bei diesem Jüngling ist es so, dass dieses Bewusstsein sich auch scheinbar außerhalb von ihm spiegelt, dass es da sichtbar wird, und er sieht dann die reine Gestalt der Seele, so, wie sie einerseits Sophia ist und andererseits Persephone ist, also nach innen Sophia und nach außen Persephone. Aber diese beiden sterben durch die Betätigung in der akademischen Wissenschaft. Dadurch wird diese ursprüngliche seelische Erkenntniseigenschaft zu diesem toten Schema, was dann letztendlich ein Leichnam des lebendigen Denkens ist. Bei diesem Mann wird das alles viel bewusster erlebt, aber wir haben das natürlich *alle* erlebt, man kann dem gar nicht entgehen, das ist der Prozess für alle europäischen, abendländischen Menschen, auch wenn man nicht zur Universität geht. Es geschieht bei allen.

Dann ist aber in das Leben dieses gelehrten Mannes ein Mensch hineingekommen, der ein Repräsentant für die alte Persephone-Hellsichtigkeit ist, und das ist der morgenländische Meister.

Und es tritt dann die Verführung auf dem Pfad dieses Mannes auf, dass er tief erlebt, was er verloren hat, und auch erlebt, dass der Meister es ihm zurückgeben kann, dass er also, wenn er den Anweisungen des Meisters folgen würde, den Weg zurück zu seiner Persephone finden könnte. Die Verführung ist, dass er den *Weg zurück* wählen könnte, statt den Weg weiterzugehen; dass er also nicht durch den Tod hindurchzugehen bräuchte, sondern sich zu dem verlorenen Paradies zurücksehnen könnte, um da wieder hineingehen zu wollen.

Die zweite Verführung ist, dass er die jungfräuliche Gestalt der Seele verwechseln könnte mit der leiblichen Gestalt eines jungen Mädchens. Das, was in ihm als Bild der reinen Seele lebt, das begegnet ihm auf seinem Weg in der Gestalt eines lebendigen, leiblichen Mädchens. Und dazu darf der Mensch sich natürlich verführen lassen, nur darf nicht auch innerlich ein Irrtum vorliegen, zu meinen, dass das dann auch eine Wirklichkeit ist, dass das Mädchen ganz die Reinheit selbst ist.

Das wird dann im zweiten Teil Thema, wo das Problem entsteht zwischen einem hoch entwickelten Menschen, der doch zugleich Mann ist, und einem auch hoch entwickelten Mädchen, das aber Frau ist. Die ganze erotisch-sexuelle Problematik, die sich in die

Begegnung, also nicht so sehr in ihrer leiblichen Auswirkung, aber in die Begegnung dann hineinmischt, das ist diese zweite Prüfung.

Man kann sagen, wenn die erste Prüfung überstanden ist – wenn der Mann eingesehen hat, dass er Persephone nicht in einer alten Form wiederfinden kann, dass er gerade durch die Naturwissenschaft hindurch eine neue Persephone-Gestalt finden muss; wenn diese Einsicht ganz klar vor der Seele steht –, gerade dann fängt schon diese zweite Prüfung an.

Das letztendliche Wiederfinden von Persephone, das kommt in diesem Roman auch nicht vollkommen zustande, das ist nur im Gange. Es dauert noch viele Jahre, bevor die wissenschaftliche Fähigkeit des Mannes sich so umgewandelt hat, dass da der Johannes zum Vorschein kommt.

Er hat also diese Vergangenheit in diesem Leben und hat die zwei Prüfungen überstanden, einerseits eingesehen, dass er einer neuen Sophia und einer neuen Persephone dienen muss, und andererseits, dass das Weibliche, das den Mann hinanzieht, nicht das leibliche Weibliche ist, sondern dass es das Ätherische ist. Es ist die Sehnsucht nach der ätherischen Erkenntnis, nach dem Ätherleib, nach dem lebendigen Leib im Menschen, das ist diese Sehnsucht nach dem reinen Weiblichen. Bei der Frau ist das umgekehrt, die Frau hat einen männlichen Ätherleib, und die Frau wird angezogen durch das rein Männliche.

Das findet man in den Vorträgen von Rudolf Steiner, wenn er ausführt, dass zu Beginn der Zweigeschlechtlichkeit Mann und Weib entstehen, während das zuerst ein eingeschlechtliches Wesen gewesen ist. Der Mensch wird zweigeschlechtlich, aber der Ätherleib ergänzt das, der Mann hat also einen weiblichen Ätherleib, und die Frau hat einen männlichen Ätherleib. Das wird dann in den ägyptischen Mysterien so ausgedrückt, dass der Mann die Isis in sich trägt und die Frau den Osiris.

Man muss sich vorstellen, dass der Mensch – der eigentliche Mensch, so, wie er, man könnte sagen, als Gottesgedanke lebt –, dass dieser Mensch nicht Mann oder Frau ist, dieser Mensch ist eingeschlechtlich. Man kann sich dann auch sehr gut in die Empfindung einleben, dass es notwendig ist, dass, wenn der Mensch zweigeschlechtlich wird, dann auch ein anderes Extrem in ihm lebt, wodurch er doch in gewissem Sinn in Harmonie ist. Wenn sowohl physischer Leib als auch Ätherleib männlich oder weiblich wären, dann wäre das extrem unterschieden, aber jetzt ist es so extrem nicht.

Den ursprünglichen Gottesgedanken ‚Mensch' finden wir in der jüdisch-esoterischen Lehre als Adam-Kadmon wieder.

Man muss sich dabei vorstellen, dass Adam-Kadmon die geschaffene Erde selbst ist. Also dasjenige, was durch drei vorherige planetarische Zustände gegangen ist – Saturn, Sonne, Mond, was dann auf Erden Mensch werden soll –, das ist nicht eine Erde mit einem Menschen darauf, sondern das ist die ganze Gestalt der Erde mit den Hüllen, also mit den Planeten, mit der Sonne, dem Feuer, der Luft, dem Wasser und dem Festen, selbstverständlich noch im geistigen Sinn. Das Ganze, was in der biblischen Schöpfungsgeschichte im Laufe von sieben Tage geschaffen worden ist, *das ist Adam-Kadmon.* Man darf sich ihn nicht vorstellen als einen vereinzelten Menschen, der auf einer Erde steht, sondern *das Ganze ist der Mensch.*

Und diese großartige menschliche Gestalt, die wird dann zu der vereinzelten, verkümmerten Gestalt, die wir jetzt sind. Das sind viele Gestalten, und die laufen auf der Erde herum, die sind nicht mehr ganz Erde mit Umhüllung. Das wird beschrieben als Sündenfall. Und das kann man versuchen, in der Meditation konkret vorzustellen: dass im Anfang der irdischen Erscheinung – was im Ersten Buch Moses beschrieben steht, im Alten Testament –, das Ganze Adam ist und dass dadurch, dass Luzifer Einfluss gewinnt, allmählich der einzelne Mensch entsteht. Das ist dann der Adam, den wir kennen. Adam-Kadmon ist der göttliche Mensch, und wir mit unserer Adam-Natur, könnte man sagen – aber die ist verkümmert, die ist zusammengeschrumpft, die ist nicht ganz Erde, die ist vereinzelt –, sind einsam geworden.

Aber trotzdem *lebt* in uns dieses *ursprüngliche großartige* Menschenwesen dennoch auch; und das hat sich natürlich durch die irdische Entwicklung hindurch auch weiterentwickelt, ist auf Erden erschienen als, man könnte sagen, Träger des schaffenden Gottes (Christus). Dieses Menschenwesen, so müssen wir uns das vorstellen, ist wirklich wiederum auf Erden erschienen, nicht als Christus, sondern Christus hat darin gelebt während dreier Jahre. Und dadurch, dass Er darin gelebt hat, hat sich dieses Menschenwesen auch wiederum weiter entwickelt als der ursprüngliche Adam-Kadmon.

Rudolf Steiner hat in der Zeit der Karma-Vorträge einen Spruch gegeben, von dem er sagt, dass er ihn bei Eliphas Levi gefunden hat. Dieser hat ihn aus der alten jüdischen Literatur, wo eine Art von Alphabet gegeben wird, das der Mensch ist.

Wir müssen uns daran erinnern, wenn wir das können, dass Rudolf Steiner für die Eurythmisten in dem Kurs für die Eurythmie gesagt hat, dass, wenn man das *Alphabet* durch Eurythmie *auf einmal* zeigen könnte – das kann man natürlich nicht, das kann man nur hintereinander, aber stellen wir uns vor, dass man das könnte, alle Buchstaben zu gleicher Zeit –, dann hätten wir den Ätherleib, dann wäre der Ätherleib in diesem Moment sichtbar. Wenn wir die Laute gesondert zeigen, mit Eurythmie, dann haben wir immer nur einen Teil des Ätherleibes, der sichtbar wird. Und in der Folge der Laute haben wir natürlich eine Bewegung des Ätherleibes, aber wenn wir das ganze Alphabet auf einmal anschauen könnten, dann würden wir den Ätherleib anschauen.

Und so gibt es dann einen Spruch, in dem auch ein Alphabet gegeben wird. Das sind nicht alle Buchstaben – das wollen wir dann natürlich als Verstandesmenschen gerne haben, wir sagen dann: ‚dann wollen wir sie auch *alle* haben', aber in diesem Spruch sind sie nicht alle da, aber es geht von A bis Z.

Diesen Spruch müssen wir uns dann vergegenwärtigen als das *wahre Menschenwesen*. Wir werden es jetzt gedanklich aufnehmen und dann heute Mittag mit den Lauten zusammen anschauen und dann auch versuchen, das alles mit der Eurythmie zu tun – also zuerst anzuschauen und dann auch selbst tun. Und wenn man das wirklich ernst nimmt – und das tun wir natürlich –, was hier steht, dann bekommt man eine Ahnung von der Großartigkeit des Menschen, der Großartigkeit von Anthropos. Sophia ist dann die Erkenntnis von Anthropos.

Das wahre Menschenwesen

In dir lebt das Menschenwesen, das Gott von Angesicht zu Angesicht schaut, das ewig ist und das im Kreise der sieben großen Geister ist. – A

Es ist über allem, was in dir zornig oder furchtsam ist. – B
E
Es herrscht mit den Kräften der oberen Welt, und ihm dienen die Kräfte der unteren Welt. – G
I
Es verfügt über sein eigenes Leben und seine eigene Gesundheit und kann das auch bei Andern. – D
O
Es kann durch nichts überrascht; von keinem Missgeschick befallen werden; es kann nicht in Verwirrung gebracht und nicht überwunden werden. – H
U
Es kennt die Wesenheit des Vergangenen, Gegenwärtigen und Zukünftigen. – V

Es hat das Geheimnis der Erweckung vom Tode und der Unsterblichkeit im Besitz. – Z

A ist die Stimmung des ersten Satzes: ‚In dir lebt das Menschenwesen, das Gott von Angesicht zu Angesicht schaut, das ewig ist und das im Kreise der sieben großen Geister ist.'

Dann kommt *B*: ‚Es ist über allem, was in dir zornig oder furchtsam ist.'

Dann dazwischen ein *E*, und dann kommt *G*, Gamma ist das eigentlich – denn man will hier ein C haben, A, B, C, D, aber man muss hier Gamma empfinden –: ‚Es herrscht mit den Kräften der oberen Welt und ihm dienen die Kräfte der unteren Welt.'

Dann wiederum ein Vokal dazwischen, *I*, und dann kommt *D*: ‚Es verfügt über sein eigenes Leben und seine eigene Gesundheit und kann das auch bei Anderen.'

Dann haben wir *H*, aber dazwischen haben wir den Vokal *O*, und dann kommt *H*: ‚Es kann durch nichts überrascht; von keinem Missgeschick überfallen werden; es kann nicht in Verwirrung gebracht und nicht überwunden werden.'

Dann *U* und dann *V*: ‚Es kennt die Wesenheit des Vergangenen, Gegenwärtigen und Zukünftigen.'

Und schließlich *Z*: ‚Es hat das Geheimnis der Erweckung vom Tode und der Unsterblichkeit im Besitz.'

Die Konsonanten, auch das A, kommen von dem ursprünglichen kabbalistischen Text, die Vokale dazwischen hat Rudolf Steiner hinzugefügt, und man muss sich vorstellen, dass das Stimmungen sind.

Man kann die Laute mit der Eurythmie machen, aber man kann das natürlich auch innerlich in einer Meditation machen – dass man eigentlich, wie wir das öfter gemacht haben, den Klang A fast zum Sprechen bringt, aber gerade so nicht; dass man ganz A ist, als ob man es sagen will, aber man sagt es nicht. Und darin denkt man dann diesen ersten Abschnitt.

SIEBENTE STUNDE

(Es wird der Spruch ‚In dir lebt das Menschenwesen' gesprochen, und die Laute werden eurythmisiert).

Nun wollen wir zuerst versuchen, wiederum die Stimmung, die Gebetsstimmung, von heute Morgen zu erwecken.

Also wir versuchen in einer nicht allzu langen Zeit, diese Auseinandersetzung mit unserer Vergangenheit und mit der noch unbekannten Zukunft in uns wachzurufen. Wir blicken also zurück auf unsere Vergangenheit in diesem Leben und versuchen, zu empfinden, wie wir einerseits unser Leben gelebt haben, wie es ist, aber wie andererseits eine Art von beurteilender Person auch da ist, die weiß, dass eigentlich viel mehr möglich gewesen ist, als das, was verwirklicht worden ist. Und in das Erleben dieser Diskrepanz versuchen wir unsere Gefühle zu bringen – so, dass wir empfinden können, dass in uns nicht nur das alltägliche Selbst lebt, sondern auch eine höhere wissende Instanz, die das alles anschaut, was wir tun, aber nicht nur anschaut: die das eigentlich auch verwirklichen will. Das ist das Eine. Und das Andere ist, dass wir in die Zukunft hineinblicken und da noch nichts Fertiges sehen und dass wir versuchen, zu empfinden, dass alle Angst, alle Furcht vor der Zukunft ein Hemmnis für das Leben in die Zukunft hinein ist. Das ist die andere Empfindung vor der Zukunft, dass alle Angst und Furcht hemmend wirkt auf diese Entfaltung unseres Selbstes in diesem Leben.

Diese zwei Stimmungen, die versuchen wir wieder wachzurufen. Und wir werden bemerken, dass die erste Stimmung, die mehr eine Stimmung der Ehrfurcht vor dem Höheren in uns ist, dass sie die Seele *warm* macht. Das Zweite, diese Blicke in eine finstere Zukunft hinein, vor der wir uns fürchten, aber vor der wir eigentlich gar keine Angst haben sollten, der wir uns hingeben sollten, diese Stimmung bringt *Licht* in die Seele. Also, die erste Stimmung bringt die *Wärme*, einerseits Scham und andererseits Ehrfurcht, und die zweite bringt *Licht*, das die finstere Zukunft erträglich macht.

Diese zwei Stimmungen versuchen wir noch einmal in uns aufzurufen.

(Es wird meditiert).

Nun war es in der Mystik so, dass dasjenige, was man da innerlich findet, dasjenige, was unbekannt ist – man kennt sein Alltägliches mehr oder weniger, aber dieses, was unbekannt ist, was größer ist, was in die Vergangenheit nicht ganz eingewirkt hat, was nicht ganz sich verwirklicht hat, dieses Unbekannte, was uns eigentlich dann auch wiederum aus der Zukunft anschaut –, das war dieser göttliche Funke, das Fünklein. Und in der Mystik hat man *das* kontempliert.

Also man muss sich vorstellen, dass dasjenige, was durch eine solche Gebetsstimmung allmählich aufkommt, als Wärme und Licht, dass man das kontemplieren kann, als einen meditativen Inhalt. Dass man das nimmt, was man da findet, dieses Unbekannte – das etwas von Bekanntheit bekommt durch eine solche Gebetsstimmung –, und dass es dadurch, dass man versucht, es anzuschauen, dabei zu verweilen, immer größer und größer wird – und dann kein Fünklein bleibt, sondern wirklich ein göttliches Feuer wird, allmählich. Dann hat man allmählich die Seele, die in sich selbst das höhere Menschenwesen, das göttliche Menschenwesen, findet; und das ist dann der Gott in mir, dem ich dadurch, dass ich ihn kontempliere, immer mehr und mehr Raum in meinem Leben gebe.

Kontemplieren ist, dass man nichts weiter macht, als dabei zu verweilen; also keine Gedanken, aber auch nicht wirklich auferweckte Gefühle erzeugt. Nur die Gebetsstimmung und das Unbekannte sind da, diese kommen in die Seele, in das Bewusstsein hinein. Dabei bleibt man, als ein Geselle.

Aber in der heutigen Zeit ist eine wiederum neue Weise von Entwicklung notwendig. Und wenn wir das so fortsetzen, diese innerliche Betrachtung, dann kann man sagen, dass es in unserer Zeit notwendig wird, dass dieses alltägliche Selbst, mit dem wir auch erkennen, fühlen, wollen, dass dieses alltägliche Selbst sich *so* reinigt, dass es Sophia wird und dass diese Sophia dann wissend, immer mehr wissend, sich mit Anthropos vereinigt. – Und das ist dann Anthroposophie.

Teilnehmer: Was ist das Verhältnis zwischen diesem denkenden, fühlenden und wollenden Teil und dem Fünklein?

Das Fünklein ist dieses unbekannte Göttliche, aber zu gleicher Zeit auch das Erziehungs-Wesen in uns, derjenige Teil in uns, der nicht nur sieht, dass da noch lange nicht eine Vollkommenheit ist, sondern der auch weiß, wie diese Vollkommenheit verwirklicht werden könnte. Das nenne ich dann das Erziehungs-Wesen; man kann es auch *Bewusstseinswesen* nennen, man kann es auch das Menschenwesen nennen – der eigentliche Mensch, nicht dieser Mensch, der hier allerlei Genüssen und was weiß ich alles nachläuft, sondern der eigentliche Mensch, den man auch wiederum wiederfindet, wenn man nach dem Tod alles abgelegt hat, was nicht Mensch ist. In der höchsten geistigen Welt, in der Mitternachtsstunde – da, wo alles abgefallen ist, was nicht wesentlich ist, was nicht wesentlich-menschlich, göttlich-menschlich ist –, da findet man es.

Teilnehmer: Kann dieses Wesen auch durch das Gewissen reden?

Ja.

Neben diesem geistigen Teil gibt es die Seele selbst, und sie reinigt sich so, dass sie Sophia wird. Dann ist Sophia die Erkenntnismöglichkeit geworden, die Anthropos erkennen kann, denn im Anthropos lebt die ganze makrokosmische Welterkenntnis.

Man kann sich vorstellen, dass die Mystiker nur gefühlsmäßig angeschaut haben, angebetet haben, und dann doch auch viel Erkenntnis bekommen haben. Wenn man zum Beispiel an Jakob Böhme denkt – was er als okkultes Wissen erlangt hat, durch eine mystische Vertiefung in das Göttliche in ihm –, dann hat man ein Vorbild, ein Beispiel, wie weit man mit der Mystik in der Erkenntnis doch kommen konnte. Aber die Geisteswissenschaft ist noch etwas anderes. Durch sie wird die Erkenntnisfähigkeit, so, wie sie naturwissenschaftlich gebildet ist, zur Sophia entwickelt, und sie schaut dann Anthropos wissend an.

Man kann sich vorstellen, dass wir in der Gebetsstimmung nach der Vergangenheit zu etwas finden, was damals nicht da war und jetzt da ist;

dass, wenn wir in vielen Jahren zurückschauen, dann sehen werden, dass in diesem heutigen Moment noch vieles nicht da war, was dann, nach so vielen Jahren doch wiederum da ist. Das ist diese Ahnung von einem Wesen, das immer weiter wirkt, sich verwirklicht, und ein anderer Teil des Wesens, der unter dieser Wirkung steht – aber man ahnt, dass es einmal möglich sein wird, dass das eine und das andere Wesen ein und dasselbe sind. Die Kontemplation davon ist Mystik.

Und wenn wir dann solche Stimmungen in uns geweckt haben – auch wenn sie noch so zart und anfänglich sind –, können wir noch einmal versuchen, den Begriff des Kreises zu formen, was wir schon so oft gemacht haben.
Ein Kreis ist eine Versammlung von Punkten in der Ebene, die alle eine bestimmte Entfernung zu einem Punkt in dieser Ebene haben.

(Es wird meditiert).

Wir haben dabei immer viel Mühe darauf verwendet, diesen Begriff vorstellungsfrei zu formen, das heißt, dass man den Begriff *als* Begriff – so, wie man den Kreis begreift, das Grundgesetz des Kreises begreift, ohne den Kreis zu sehen – vorstellungsfrei denken kann. Dann ist man in dem reinen, sinnlichkeitsfreien Denken darinnen.

Und dann tun wir genau das Umgekehrte. Wir versuchen jetzt, aus diesem Kreisbegriff heraus – also, wir dürfen den Begriff nicht verlieren –, aber wir versuchen von diesem Begriff aus, *Vorstellungen* von Kreisen zu *formen*; so reich und vielfältig, wie wir nur können. Aber wir sollen nicht den Begriff vergessen. Und wir dürfen auch die Ebene verlassen, wir dürfen also auch dreidimensional vorstellen.

(Es wird weiter meditiert).

Und dann gehen wir noch weiter. Dann versuchen wir, uns so vieler *Dinge* wie möglich *aus der Außenwelt* zu erinnern, die kreisförmig sind, kugelförmig sind, und uns das auch wirklich vorzustellen, aber auch dabei den Begriff nicht zu verlieren.

(Es wird weiter meditiert).

Und dann gehen wir noch einen Schritt weiter. Wir bleiben in der Vorstellung, und wir *stellen uns vor, dass wir die Augen öffnen* – wir tun es nicht –, und stellen uns vor, was wir dann alles an Kreisen sehen. Also nicht Erinnerung, sondern den Moment, wo wir die Augen öffnen. Und da sollte man dann die Denkkraft, die da war, als wir den Begriff des Kreises geformt haben – diese Denkkraft sollten wir dann eigentlich *im Auge spüren* können.

(Es wird weiter meditiert).

'Ich bin der Keim und der Quell deiner sichtbaren Welt.'
Der Begriff denkt nicht im Gehirn, der Begriff webt in der Kraft des Sehens.

(Es wird weiter meditiert).

Man kann lernen, zu empfinden, wie das spiritualisierte Denken, das reine Denken, bis in das Sinnesorgan hineingeführt werden kann und wie man dann mit den Kräften sieht, die nicht aus der physischen Welt stammen. Da liegt der Keim und der Quell unserer sichtbaren Welt. Und dann öffnen wir die Augen – und dann drängt sich die Wahrnehmungsillusion wieder darüber. Aber man kann durch Übung lernen, diesen Zustand, wo die wahre Persephone-Kraft lebt – in dem *Übergang* vom reinen Begriff in die Sinnlichkeit –, dass man sie dort erleben kann. Das ist dann zu gleicher Zeit auch ein Sich-Hineinleben in die Welt, die nicht die physische Welt ist, die die ätherische Welt ist, wo die Augen, unsere Sinne, ihren Ursprung haben.

(Es wird weiter meditiert).

Teilnehmer (danach): Etwas davon beschreibst du auch in deinem Buch 'Das Menschliche Mysterium'.

Ja. Aber da habe ich nicht diese genaue Folge der Schritte beschrieben, wie man von dem reinen Begriff wirklich in die spirituelle Wirksamkeit der Sinne hineinkommt. Das kann man Schritt für Schritt machen. Das ist eigentlich das ‚Nahen mit wahrer Wissenssehnsucht', man naht, man tritt der Göttin Natura näher, die eigentlich die wahre Naturwissenschaft ist. Und wenn man Naturwissenschaft in spirituellem Sinne erlangen möchte, dann muss man sich so schulen, dass es möglich wird, mit *ihr* wieder in der Natur herumzugehen. In ‚Das Menschliche Mysterium' habe ich den Weg in das eigene Körperliche hinein beschrieben. Jetzt möchte ich versuchen, diesen Weg nach *außen* zu gehen.

Wir haben also zuerst wiederum einen reinen Begriff geformt, vorstellungsfrei; wir versuchten, nur das Denken zu haben und abzusehen von allem, was mit der sinnlichen Welt zu tun hat. Die Vorstellung hat auch mit der sinnlichen Welt zu tun. Wir denken die *Gesetzmäßigkeit* eines Kreises.

Und dann gibt man sich selbst, ich möchte sagen, die Erlaubnis, *Vorstellungen* zu bilden, *aus eigener Aktivität*, also nicht aus der Erinnerung, sondern schöpferisch, Vorstellungen von Kreisen. Die dürfen dann auch dreidimensional werden, zum Beispiel eine Sphäre werden, und sie brauchen auch nicht farblos zu bleiben, man kann sie sich auch gefärbt vorstellen, man kann auch Flächen, kreisförmige Flächen vorstellen. Und dann naht man sich noch mehr der sinnlichen Wirklichkeit, indem man sich *erinnert* an kreisförmige Dinge, Objekte, die man *aus der Außenwelt* kennt.

Und noch ein weiterer Schritt ist, dass man *sich dann vorstellt* – aber man tut es nicht –, *dass man die Augen öffnet* und wirklich kreisförmige Dinge sieht; aber *man tut es nicht*, man stellt es sich vor. Im Moment, wo man es tut, hat man es mit der Überwältigung durch die sinnliche Realität zu tun, und dann verliert man eigentlich den letzten Schritt. Also man macht diesen Schritt nicht, sondern stellt sich vor, dass man ihn machen würde, und bemerkt dann, dass da diese reine Begriffstätigkeit – das habe ich noch vergessen –, die man immer mitgenommen hat – man hat sie nicht ‚zuhause gelassen', man hat dieses Bewusstsein von der Gesetzmäßigkeit des Kreises, diesen reinen Gedanken, mitgenommen –, wie diese reine Gedankentätigkeit, *diese Gedankenkraft*, wie diese allmählich im Auge spürbar wird, wie sie wirkt, *im Auge als Sehkraft tätig ist.*

Wenn man dann das Auge öffnet und man ist nicht geübt, dann ist das weg. Aber man kann es bis dahin führen, dass das in der *Vorstellung* erlebt wird, dass man die Denkkraft, die Kraft des spiritualisierten Denkens, bis in das Auge oder das Ohr oder das Riechen oder das Schmecken – aber es ist am einfachsten, beim Auge damit anzufangen – spüren kann, empfinden kann.

Dann kann das Bewusstsein erweckt werden, dass das diese andere Welt ist, von wo aus die Sinne geschaffen sind. Man fühlt die schaffende Tätigkeit, und man fühlt, dass diese schaffende Tätigkeit eigentlich das Sehen an sich ist. Nicht *was* man sieht, sondern das *Sehen an sich.* Man spürt das Sehen – oder das Hören, Riechen, Schmecken, Tasten – als eine lebendige Tätigkeit, die im Übergang von dem reinen Denken, spiritualisierten Denken, in das Wahrnehmen mit den Sinnen hinein lebt. Das ist der Übergang. Und da sagt Persephone: ‚Ich bin der Keim und der Quell deiner sichtbaren Welt.'

Sie ist die Göttin Natura, die die Lehrer von Chartres mit Sehnsucht gesucht haben, aber sie konnten sie nicht mehr wirklich finden.

Dann kommt die Zeit der aristotelischen Scholastik, und wir wissen, dass Thomas von Aquin die Fähigkeit des reinen sinnlichkeitsfreien Denkens intensiviert. Und dann kommt die Zeit der Bewusstseinsseele und der Anfang der Naturwissenschaft. Da muss alles eigene Denken schweigen und kehrt sich das Verhältnis ganz um nach außen: Der Mensch ist ein Wahrnehmungswesen geworden und hat sein Denken als Element der Wahrheit vergessen.

Jetzt müssen wir also das wiederum ganz umkehren, so dass wir von innen heraus dieses reine Denken in Erscheinung bringen und dann bis in die Sinne hineinführen. Dann wird eine sinnliche Wahrnehmung möglich, bei der das störende Gehirn nicht mitmacht.

Es sind immer gleichsam Laborversuche – wir sind in einem Labor darinnen und nicht in der ganzen vollen Tatsachenwelt. Also wenn ich das so mache, und ich öffne dann wirklich meine Augen und ich bin noch in dieser Kreisbegriffstätigkeit aktiv, dann kommen diese

Kreisformen, die da sind, und ich spüre, wie ich mit meinem reinen Denken bis in die Formen der Außenwelt hineingehe und da eigentlich eine äußere Form meines inneren Begriffs wiederfinde. Aber das ist Laborarbeit, denn ich habe jetzt nur *einen* Begriff genommen und nicht die Fülle aller Begriffe in der ganzen Einheitlichkeit des Denkens.

Teilnehmer: Das wäre dann sozusagen eine Steigerung?

Ja. Aber man muss mit *einem* Begriff anfangen und dies machen. Dadurch kommt diese Steigerung zustande und kommt letztendlich die ganze innere Denkwelt im Übergang zu der sinnlichen Welt zum Erleben.

Und dann kommt man zu solchen Aussagen, die Rudolf Steiner macht, dass er sagt: Die äußere Welt liefert eigentlich nur die Beständigkeit, dass das Denken zur Ruhe kommt, dass das Denken, das immer wie der Ätherleib in Bewegung ist, in der Formenwelt, in der Außenwelt Ruhe findet. Dann brauche ich es nicht selbst zur Ruhe zu bringen, wie ich das in der Meditation selbst machen muss. Es findet in der Außenwelt – dadurch, dass sie da ist, diese Formenwelt – Ruhe und kommt zum Stillstand. Aber zur gleichen Zeit ist dieser Stillstand so stark, dass ich überwältigt werde und meine innere Tätigkeit überhaupt nicht mehr spüre – und gerade das sollten wir überwinden.

Wir müssen letztendlich soweit innerlich aktiv werden, dass es möglich wird, inmitten der Gewalt der Sinneswelt diese innere Tätigkeit doch hervorzubringen und auch zu bemerken: Das ist die geistige Welt. Diese finden wir nicht *hinter* der Sinneswelt, sondern wir finden sie *vor* der Sinneswelt, nämlich in uns.

ACHTE STUNDE

Wir wollen die letzte Übung noch einmal machen, aber mit einem anderen Begriff. Und so nehmen wir jetzt den Grundbegriff der Kategorien, den Begriff der *Substanz.*

Aristoteles meint mit ,Substanz' das Subjekt, das Wesen, das eine Individualität ist, das selbständig ist und das deshalb nicht in einem anderen Subjekt und auch nicht eine Eigenschaft von einem anderen Subjekt sein kann. Also wenn ich sage, ,der Mensch ist intelligent', dann ist der Mensch die Substanz, und das Intelligentsein ist eine Eigenschaft. Und wenn man es in dieser Weise aristotelisch begreift, dann ist die Intelligenz an sich nicht eine Substanz. Darüber kann man natürlich eine Diskussion anfangen, aber das machen wir jetzt nicht, wir nehmen einfach dasjenige als Beispiel, was ,Substanz' in aristotelischem Sinne ist. Das ist das Wesen, das bestimmte Eigenschaften, Merkmale – eine Position, eine Relation und so weiter – hat; aber diese Prädikate, also dasjenige, was über ein Subjekt ausgesagt wird, können selbst nicht Substanz sein. Man hat also die Substanz als eine Art von Zentrum, und alle übrigen Kategorien existieren, weil es eine Substanz gibt. Wenn die Substanz nicht da ist, sind auch die übrigen Kategorien unmöglich.

Das ist ein Begriff, über den man ein bisschen denken kann; wir denken darüber. Es macht nicht einmal so viel aus, ob das alles auch wirklich richtig aristotelisch ist, man darf auch seine eigenen Gedanken darüber formen. Es geht darum, dass wir anhand dieses Ausgangspunktes ,Substanz' selbst Gedanken formen. Das dürfen natürlich aristotelische Gedanken sein, es brauchen nicht subjektive Gedanken zu sein, aber wir müssen sie selbst erzeugen und dann so stark wie möglich diesen Begriff innerlich durchdenken. Also, ,Substanz' bedeutet nicht Stoff, nicht Wolle oder Holz, nicht in diesem Sinn wird ,Substanz' verwendet, sondern Substanz wird als Wesen gemeint.

(Es wird meditiert).

Aristoteles gibt als Beispiele: ein bestimmter Mensch, ein bestimmtes Pferd. Der zweite Schritt ist, für uns selbst Beispiele für ‚Substanz' zu bedenken.

(Es wird weiter meditiert).

Nun behalte ich die Begriffsessenz bei und versuche durch Erinnerung, Substanzen aus der Außenwelt zu erinnern.

(Es wird weiter meditiert).

Dann stelle ich mir vor, dass ich meine Sinne für die Außenwelt öffne, dass ich also aus der Meditation herausgehe, in die Außenwelt hinein, aber ich tue es nicht, ich stelle es mir nur vor. Ich überschreite die Schwelle, die zwischen dem inneren Vorstellen von Substanz, Erinnern von Substanz, und der Außenwelt liegt, die Schwelle zu der Außenwelt, die mit Substanzen erfüllt ist: Wesen und Dingen.

(Es wird weiter meditiert).

Und wenn die innere Aktivität groß genug war, dann spüre ich diese innere Aktivität als *eine tätige Kraft in mir,* und ich kann mir vorstellen, dass, wenn ich meine Sinne wirklich für die Außenwelt öffne, es soweit kommen könnte, dass ich diese innerliche Begriffstätigkeit behalten kann. Und dann würde ich selbst erfahren, wie diese Begriffstätigkeit, die sich mit dem Formen des Begriffes ‚Substanz' beschäftigt hat, wenn sie weiter webt, während ich in der Außenwelt darinnen bin, dann *das Weben* des *Begriffssinnes* für mich wird. Und wenn ich mit dem Begriff ‚Substanz' einem anderen Menschen gegenüberstehe, dann steigert sich diese Begriffssinnestätigkeit noch zum Ich-Sinn.

(Es wird weiter meditiert).

Das haben wir uns dann vorgestellt, und dann öffnen wir unsere

Sinne wirklich. Und da webt der Begriff Substanz weiter. Das tut er immer, aber wir werden das nicht gewahr, jetzt vielleicht ein wenig oder viel.

(Es wird weiter meditiert).

‚Ich bin der Keim und der Quell deiner sichtbaren Welt.'

Da, wo der innere, reine Begriff sich verwandelt in *daseiende Substanzen* – dieser Übergang: da ist Persephone. Und weil wir diese innere Begriffstätigkeit nicht gewahr werden, ist die äußere Welt eine Illusion.

(Es wird weiter meditiert).

Also: ‚Nah'st du mir mit wahrer Wissenssehnsucht, so will ich bei dir sein. Ich bin der Keim und der Quell deiner sichtbaren Welt.'

Da gehen wir morgen weiter und werden dann versuchen, in einer gleichen Art zu finden, was es bedeutet, wenn sie sagt: ‚Ich bin die Summe des Lichts, in dem du seelisch lebest, ich bin des Raumes Beherrscherin, ich bin der Zeitenzyklen Erzeugerin.'

Auf der Grenze von innen und außen, da steht Persephone.

NEUNTE STUNDE

Nah'st du mir mit wahrer Wissenssehnsucht, so will ich bei dir sein.
Ich bin der Keim und der Quell deiner sichtbaren Welt.
Ich bin die Summe des Lichtes, in dem du seelisch lebest.
Ich bin des Raumes Beherrscherin, ich bin der Zeitenzyklen Erzeugerin.

Gestern Mittag haben wir durch Übung versucht, in die Nähe von diesem Ausspruch Persephones zu kommen: ‚Ich bin der Keim und der Quell deiner sichtbaren Welt.' Jetzt wollen wir dann versuchen, die folgenden drei Aussagen von ihr erlebend zu verstehen. Eigentlich machen wir in diesen vier Tagen eine große umfangreiche Meditation dieses Spruches, und vielleicht kann das auch ein Beispiel dafür sein, wie man eigentlich meditieren soll. Es ist also eine Art Verwirklichung desjenigen, was in einem Spruch gegeben ist.

‚Ich bin die Summe des Lichtes, in dem du seelisch lebest.'

Es ist wichtig, dass wir uns zuerst wiederum in eine richtige Stimmung bringen – was wir durch das Singen schon tun, aber es scheint mir gut zu sein, dass wir doch wiederum noch einmal aufstehen und diese drei Goetheschen Ehrfurchtsstimmungen in Gebärden machen… (Siehe Anhang).

Ehrfurcht vor dem Höheren, *(die Gebärde wird gemacht)*

Ehrfurcht vor dem Unteren, *(die Gebärde wird gemacht)*

Ehrfurcht vor allem um uns herum, *(die Gebärde wird gemacht)*

und Ehrfurcht vor uns selbst. *(Die Gebärde wird gemacht)*

Dann werden wir jetzt noch einmal die Übung von gestern Mittag wiederholen, wo wir mit dem Kreisbegriff anfangen und dann allmählich nach außen gehen. Mittelpunkt und Umkreis in der Ebene, wo alle Punkte im Umkreis denselben Abstand zu dem Mittelpunkt haben. Diesen Begriff denken wir, zuerst rein sinnlichkeitsfrei, also ohne Vorstellung. Wir sehen keine Kreise, wir denken nur das Gesetz. Und dann werde ich wieder die Anleitung geben, wie wir dann weitergehen.

Also zuerst sinnlichkeitsfrei das Gesetz des Kreises, den Begriff.

(Es wird meditiert).

Und wenn ich dann so sinnlichkeitsfrei *begrifflich* denke, dann kann ich mir die Frage stellen: Was ist hier das Licht? Habe ich hier Licht?

(Es wird weiter meditiert).

Und dann bilden wir *Vorstellungen* von Kreisen, die dürfen auch farbig sein, können auch farbige Flächen sein – aber wir nehmen den geformten Begriff des Kreises mit, wir vergessen nicht das Wesen den Kreises, das wir zuerst erfasst haben.

(Es wird weiter meditiert).

Und dann erinnern wir uns, wie wir soeben nur den sinnlichkeitsfreien Begriff hatten und was da an *Licht* da war oder auch nicht. Jetzt sind wir zur Vorstellung übergegangen, und wir können uns jetzt auch wiederum auf das Licht in dieser Vorstellungswelt besinnen.

(Es wird weiter meditiert).

Und dann gehen wir wiederum dazu über, *Erinnerungen* zu haben, von Dingen in der *Außenwelt*, die wir gesehen haben, die kreisförmig sind – und wir nehmen noch immer den Begriff darin mit, wir vergessen ihn nicht.

(Es wird weiter meditiert).

Und was ist dann hier das Licht...?

Dann gehen wir über zu der *Vorstellung* – wir tun es noch nicht –, dass wir *unsere Sinne öffnen,* dass wir erwachen für die Außenwelt. Nur vorstellen! Wir kennen die Umgebung, die um uns herum ist, wir können uns das auch aus der Erinnerung heraus vorstellen. Das kräftig gewordene Begriffsdenken halten wir aufrecht, können sogar versuchen, diese Kräfte in unsere Sinne hineinfließen zu lassen: Auge, Ohr, Riechen, Schmecken, Tasten...

(Es wird weiter meditiert).

Und dann gehen wir dazu über, auch *wirklich die Augen zu öffnen* und die Sinne zu öffnen und dann uns bewusst zu werden, was dann das Licht ist.

(Es wird weiter meditiert).

Dann haben wir erkannt, erfahren, erlebt, wie die Seele in verschiedenen Gebieten im Licht lebt: im reinen Denken, Begriffslicht, Vorstellungslicht, Tageslicht in der Erinnerung, Vorstellung von dem wirklichen Tageslicht und dann wirklich das Tageslicht. Das ist die Summe des Lichts, in dem wir seelisch leben.

Dann muss man sich selbst doch eigentlich bekennen, dass wir uns im Grunde dessen gar nicht bewusst sind, dass wir *seelisch im Licht* leben. Man kann das natürlich sagen, und man weiß es auch schon ein wenig – aber wie das gegliedert ist, dieses seelische Licht, dessen werden wir uns normalerweise überhaupt nicht bewusst. Das ist also ein Lehrsatz von Natura, den wir dann hier bekommen.

Und da kommt es darauf an, dass wir uns auch noch die Frage stellen, die natürlich eine wichtige Frage ist: ‚Ich bin das Licht der Welt.' – ‚Ich bin die Summe des Lichtes, in dem du seelisch lebest.' Christus sagt: ‚Ich bin das Licht der Welt.' Das wahre Licht, das uns alle erleuchtet; das ist in die Welt gekommen. Und wenn wir die Übung stark genug und richtig gemacht haben, müsste eigentlich der

Unterschied zu Persephone fühlbar sein. Das Wesen, das sagt: ‚Ich bin das Licht der Welt', und das Wesen, das sagt: ‚Ich bin die Summe des Lichtes, in dem du seelisch lebest.'

Teilnehmer: In der Christengemeinschaft wird im Kultus auch ausgesprochen: ‚Das Christuslicht in unserem Tageslicht'. Das klingt auch Persephone-ähnlich.

Ja, es ist wichtig, dass wir das auch wirklich innerlich erleben können, was nun Persephone in Christus eigentlich ist – so könnte man es sagen. Sie ist eine Glied-Wesenheit von Christus. Christus ist das Licht der Welt – aber was ist nun Persephone darin?

Persephone ist Natura, und in diesem Sinne auch äußerlich, also außerhalb der menschlichen Seele, die Beherrscherin der Natur. Darauf kommen wir noch in den kommenden zwei Tagen: dass sie noch viel mehr zu tun hat als nur diese Licht-seelische Tätigkeit. Sie hat eine Verbindung mit der menschlichen Seele, aber sie ist auch außerhalb die Natur. Und da ist es wichtig, dass wir das in der Empfindung unterscheiden können.

Teilnehmer: Könnte man vielleicht sagen, Persephone trägt das Licht wie die Pieta? Wenn man diese anschaut, dieses Bild, dass sie den Christus, der gestorben ist, trägt ... dass Er also in die Erde hineinkommt durch Persephone; dass das Licht eigentlich getragen wird durch Persephone hindurch? So wie das Bild des heiligen Grals, wo die Sonne von der Mondsichel getragen wird. Man könnte sagen, dass sie ein Werkzeug von Christus ist, und so gibt es verschiedene, die im Namen Christi wirken.

Das ist sie sicher. Und da wollen wir jetzt spezifisch wissen: was für ein Werkzeug?

Teilnehmer: Ich hatte noch die Vorstellung, dass Sophia einerseits das Geisteslicht ist; aber dann kommt es ja zur Brechung, wie ein Regenbogen. Das ist ein schönes Beispiel dafür, dass es sich sozusagen in die ganze Schönheit aufgliedert, aufwebt – und da ist Persephone spürbar, in der

Natur, im Weben der Natur. – Die Natur ist das, was da ist, der schöne Schein, schöne Wirklichkeit; aber das Moralische, wo ist das?

Das ist eine Illusion, dass die Natur ohne Moral wäre. Wenn wir die Illusion durchbrechen könnten, dann würden wir das Moralische in der Natur auch haben – das ist auch Persephone.

Teilnehmer: Ich meine, dass ‚das Licht der Welt' einfach mehr ist, auch in moralischer Hinsicht, als Natura.

Persephone macht das Wesen des Lichtes in den Dingen sichtbar. Sie ist nicht das Licht, aber sie macht es sichtbar, so, wie Sophia den lebendigen Begriff sichtbar macht…

Man muss sich vorstellen: Christus ist das Licht der Welt, und das ist allumfassend. In allen Reichen, die wir haben, ist Er das Licht. Persephone ist nicht das Licht, sie ist, wie sie sagt: ‚Ich bin die Summe alles Lichtes, in dem du seelisch lebest.'

Teilnehmer: Kannst du das noch in Zusammenhang bringen zu dem, was wir gerade gemacht haben? Du hast doch bei den einzelnen Schritten immer gefragt: Was ist da das Licht? Und da war es immer ein bisschen kurz, aber gerade so, dass ich die Qualität empfinden konnte, die da eintritt. Zum Beispiel den Kreisbegriff formen, dann entsteht eine Klarheit, die ich als Erkenntnisklarheit erlebt habe, und dann hast du später das Begriffslicht genannt. Als wir die Vorstellung bildeten, sagtest du: Was ist dann passiert? Wenn das in Übereinstimmung kommt, was man als Begriff hat und was als Bild kommt, entsteht auch so etwas, dass man eine Trennung überwindet, und das ist eine Form von Lichterleben, das ich vorher noch nie als Licht erfragt habe; aber diese Erlebnisse konnte man als lichthaft erkennen durch deine Frage. – Und jetzt weiß ich nicht, was das mit Persephone und Natura zu tun hat.

Es ist unaussprechlich, es ist wirklich unaussprechlich, man kann das wirklich nicht in Worte fassen. ‚Ich bin das Licht der Welt' – das ist noch zu sagen; aber was hier gesagt werden muss, das sagt sie: ‚Ich bin die Summe des Lichtes...', aber sie ist nicht das Licht. Und wenn wir diese Übung machen, dann werden wir gewahr, dass das Licht in den verschiedenen Bereichen, dass es da ist, dass wir das erleben können, dass diese verschiedenen Arten des Lichtes – von ganz innerlich denken, sinnlichkeitsfrei, ohne Sinneslicht, zu dem äußeren Sinneslicht –, das, was da *Vermittlerin* ist, zwischen demjenigen, was man tut, und dem Licht selbst, dass sie das ist. Diese Bewusstwerdung des Lichtes, das ist das Licht, indem wir seelisch leben. Das ist ein Erkenntnislicht, aber es ist nicht das Licht selbst.

Sie ist für uns in die Verborgenheit geraten. Seit dem frühen Mittelalter ist Natura für den Menschen nicht mehr erlebbar. Aber sie ist da, selbstverständlich, sonst wäre die Natur nicht da – aber wir erleben sie nicht, wir können das nicht. Jetzt machen wir eine Übung, so dass wir dafür erwachen, zu bemerken, dass etwas in uns wirksam ist, wodurch wir seelisches Licht haben. Sie ist nicht das Licht, aber sie gibt uns die Möglichkeit, in diesem Licht zu erleben. – Die Lehrer von Chartres haben das nicht mehr vermocht. Da war noch eine Erinnerung, eine lebendige Erinnerung. Aber Persephone hat früher aus der Natur heraus im Menschen gearbeitet. Und jetzt müssen wir in uns selbst arbeiten und sie *da* wieder finden, damit wir sie auch wieder außerhalb finden können.

Teilnehmer: Könnte man sagen, dass sie zu den Hierarchien gehört? Ist sie ein Wesen der Hierarchien?

Lass uns diese Frage bis an das Ende verschieben, wenn wir eine vollkommenere Erkenntnis von diesem Wesen Persephone haben und dann ihre Stelle innerhalb der hierarchischen Ordnung vielleicht mehr deuten können. Wir wissen jetzt noch zu wenig.

Wir müssen die Übung noch einmal wiederholen – und wir dürfen vor allem auch nicht vergessen, dass wir ausgehen von dem sinnlichkeitsfreien Begriff. Wir fangen mit dem Begriff an, und dieser Begriff soll mitgenommen werden durch Vorstellung, Erinnerung, Vorstellung von der Außenwelt, In-die-Sinne-Kommen und wirklich in die Außenwelt hinein. Also noch einmal. Wieder den Kreisbegriff.

(Es wird meditiert).

Versuchen wir, diesen Kreisbegriff zu einer Sphäre zu erweitern. Was ist das Gesetz der Sphäre? Und dann sind wir aufmerksam darauf, was hier das Licht ist.

(Es wird weiter meditiert).

Man könnte sagen, hier ist das Licht ‚finster', es hat noch keine äußerliche Lichtqualität, es ist noch ein rein innerliches Licht des Begreifens.

(Es wird weiter meditiert).

Und dann gehen wir dazu über, Vorstellungen zu bilden von Kreisen und Sphären.

(Es wird weiter meditiert).

Wir nehmen den Begriff mit, stellen aus dem Begriff heraus vor und versuchen, hier das Licht gewahr zu werden.

(Es wird weiter meditiert).

Dann suchen wir nach Erinnerungen von Kreisen und Sphären in der Außenwelt und nehmen den Begriff mit. Wir können jetzt nicht mehr den Begriff konstruieren, vorstellen, denn jetzt kommen die Kreise und Sphären von außen, aber wir können den Begriff mitnehmen und die erinnerten Bilder damit ausfüllen.

(Es wird weiter meditiert).

Was ist hier das Licht?

(Es wird weiter meditiert).

Noch immer ist der Begriff stark da – und jetzt gehen wir, während dieser Begriff uns ganz erfüllt, in die Vorstellung über, dass wir unsere Sinne öffnen; aber wir tun es nicht, es bleibt Vorstellung.

(Es wird weiter meditiert).

Und dann öffnen wir die Sinne wirklich, aber wir verlieren die Begriffskraft nicht.

(Es wird weiter meditiert).

Gut. Dann können wir jetzt den folgenden Spruch hören und versuchen, darin zu hören, was wir nun eigentlich gerade getan haben.

O Mensch, erkenne dich selbst!
So tönt das Weltenwort.
Du hörst es seelenkräftig,
Du fühlst es geistgewaltig.
Wer spricht so weltenmächtig?
Wer spricht so herzinniglich?
Wirkt es durch des Raumes Weitenstrahlung
In deines Sinnes Seinserleben?
Tönt es durch der Zeiten Wellenweben
In deines Lebens Werdestrom?
Bist du es selbst, der sich
Im Raumesfühlen, im Zeiterleben
Das Wort erschafft, dich fremd
Erfühlend in Raumes Seelenleere,
Weil du des Denkens Kraft
Verlierst im Zeitvernichtungsstrome.

Durch das *‚Verlieren von des Denkens Kraft'* sind wir im Raum und erleben diesen Raum als seelenleer, ohne Seele. Und was wir jetzt versucht haben, ist, des Denkens Kraft als Zentrum zu haben und es durch alle innerlichen Schichten des Lichtes hindurch bis in das Erleben der Tageswelt hineinzuführen.

Wenn wir das wirklich üben würden – dass wir diese Kraft des Denkens so stark in uns machen, dass wir damit in die Welt hineingehen können –, dann finden wir die lebendige Verbindung mit Natura, mit Persephone, die uns eine lebendige Wissenschaft der Natur geben kann.[7]

Also, vielleicht habt ihr das auch erleben können: Die Welt ist seelenleer, ist eine Illusion, weil wir des Denkens Kraft verloren haben – und wenn wir sie wiederum finden, dann finden wir auch den Geist der Natur wieder; aber wir finden ihn nicht *da*, wir finden ihn *hier*, in unserer innerlichen Aktivität. Wir können ihn da nicht mehr finden – das ist früher so gewesen, aber das ist nicht mehr möglich, und es ist eine große Täuschung, ein Irrtum, wenn man meint, dass man den Geist der Natur noch da finden kann. Der ist *hier*, und er muss mitgenommen werden und sich dann dort wiederum mit der Natur verbinden. – Aber dann wird die Auferstehungskraft im Menschen auch wiederum zu einer Auferstehung in der Natur führen. Das ist es, was Rudolf Steiner in der Zeit nach dem Brand des Goetheanums und auch einige Tage vor dem Brand beschrieben hat: Wenn der Mensch dazu kommt, den Geist in sich zu erwecken, und er mit diesem erweckten Geist in die Natur hineingeht, dann erweckt er auch die Natur auf.

Dann werden wir als nächstes versuchen, ich könnte auch sagen: Natura zu fragen, uns anzuleiten, zu verstehen, was sie meint, wenn sie sagt:

‚Ich bin des Raumes Beherrscherin, ich bin der Zeitenzyklen Erzeugerin.'

---

[7] Dieser Weg wird in einer anderen Art im Kapitel ‚Wissenschaft' in meinem Buch ‚Suche das Licht, das im Abendland aufgeht' beschrieben, Occident 1994.

ZEHNTE STUNDE

Dann müssen wir jetzt versuchen, zu einem Begriff des Raumes zu kommen.

Es war schon ein Anfang, dass wir von dem Kreis zu einer Sphäre übergegangen sind, wo der Kreis dreidimensional wird, da spürt man den Raum. Wir können auch sagen: Ausdehnung nach allen Seiten.

Wenn wir die Gebärde machen, bei der die beiden Arme weit ausgebreitet sind, horizontal, da sagte Raphaela (die Eurythmistin) gestern: das ist auch ein E. Das ist natürlich interessant, denn beim E berührt sich das eine mit dem anderen, und hier hat man nicht gerade das Gefühl, dass das eine sich mit dem anderen berührt, man hat mehr das Gefühl, dass es nie eine Berührung geben könnte. Aber wenn man sich vorstellt, wie diese Linien bis in die Unendlichkeit gehen, dann berühren sie sich doch. Man kann dann auch sagen, dass das nicht nur ein E ist, sondern dass es in gewissem Sinn auch ein O ist, wenn man das tut. Und da kann man dann spüren, was das Beherrschen des Raumes ist.

Ich möchte dann vorschlagen, zwei Vorstellungen zu meditieren. Die *eine Vorstellung* ist Ausdehnung nach allen Seiten, so dass das bis ins Leere hinausläuft, also eine Vorstellung, als ob die Ausdehnung keine Grenze hat, immer weiter und weiter und weiter geht, bis in die Unendlichkeit hinein, das ist die erste Vorstellung. Nicht nur horizontal, sondern wirklich nach allen Seiten. Und die *zweite Vorstellung* ist, dass diese unendliche Ausbreitung in die Unendlichkeit hinein sich *doch* dadurch begrenzt, dass sich diese Linien in der Unendlichkeit berühren. Also die eine Vorstellung: Ausdehnung nach allen Seiten ohne Ende. Und andererseits wird die Ausdehnung nach allen Seiten zu einer Sphäre, eine Begrenzung also; eine gehaltene Ausdehnung, indem in der Ausdehnung selbst die Kraft liegt, dass eine Sphäre entsteht.

(Es wird meditiert).

Man könnte sagen, da haben wir eine Art von wortlosem Begriff desjenigen, was Raum eigentlich ist.

Dann kann ich mir selbst die Frage stellen: Wodurch erlebe ich, dass es Raum gibt, was ist das eigentlich für mich? Ich kann dann wiederum zuerst *Vorstellungen* vom Raum bilden.

(Es wird weiter meditiert).

Dann kann ich *Erinnerungen* suchen von Raum und Räumen, Zimmer, Häuser, Säle, ein Blick über das Meer, ein Blick in ein Tal, auf einen Berg, auf eine Bergspitze, in eine Hütte, einen Seminarraum.

(Es wird weiter meditiert).

Und da versuchen wir, nicht in den Bildern zu ‚verschwinden', sondern den ursprünglichen Raumbegriff oder das Raumgefühl, die Raumempfindung mitzunehmen.

(Es wird weiter meditiert).

Dann stelle ich mir vor, dass ich jetzt im Raum da bin. ... Der ursprüngliche Begriff geht noch immer mit. ... Wir stellen uns die Begrenzungen des Raumes vor, wirklich den Raum, wo wir jetzt sind.

(Es wird weiter meditiert).

Und dann öffnen wir die Augen, fühlen den Boden unter den Füßen, empfinden die Stellung im Raum; dass wir uns selbst im Raum handhaben können.

Und dann können wir nochmals fragen: Was ist es eigentlich, wodurch ich *Raum* erlebe? Der sinnliche Raum – das ist es, was wir zuerst finden wollen, also noch nicht übersinnlich, sondern sinnlich. – Es ist für uns jetzt nicht so wichtig, ob es Erfahrung ist oder Idee, womit wir geboren werden. Wir sind nun im Hier und Jetzt, und wir haben gewisse Möglichkeiten. Wir können den Raum begrifflich denken, aber wir erleben ihn auch. Und das ist dann die Frage: Wie kommt das zustande? Der Leib ist es, der dabei mitwirkt, aber was und wie?

Teilnehmer: Der Orientierungssinn der Bewegung und des Gleichgewichtes, die Richtungen, oben, unten, hoch und runter. Das merkt man, wenn man herausfällt, wenn man gefallen ist – dann ist man aus dem Gleichgewicht und sucht wieder diese Ebene. Dass man exakt weiß, was oben und unten ist, auch wenn man sich das vorstellt: ich bin in diesem Raum – dass man trotzdem weiß, was oben und unten ist.

Teilnehmer: Es hängt auch mit Einatmen und Ausatmen zusammen, dadurch empfinden wir, dass da Raum ist. Und auch wenn man isst, geht das doch nach unten. Es ist ein Wahrnehmen, ohne dass man bewusst ist, in den Organen ist man nicht bewusst.

Das Essen scheint mir weniger räumlich, obwohl es natürlich in Räumen verläuft, aber die Atmung ist sicher ein Raumesfühlen. Das ist es auch, wenn man ein Erstickungsgefühl hat, zum Beispiel bei einem Asthma, wo die Atmung gestört ist. Das Atmen ist sehr wichtig für das Wissen, dass es Raum gibt. Und das Sich-Halten im Raum und auch das Wissen von Oben, Unten, Vorne, Hinten und Neben, ist Gleichgewichtssinn und auch Bewegungssinn. – Das Tasten ist mehr das Messen und das Einschätzenlernen und das Formbewusstsein, was dadurch entsteht, aber das Wahrnehmen dieser Ausdehnungsqualität des Raumes und das Sich-darin-halten-Können, das nehmen wir mit dem Gleichgewichtssinn und dem Bewegungssinn wahr, zum Beispiel bei der Atmung. Und natürlich nimmt der Körper auch Raum ein, ist ein Körper im Raum, und auch dadurch kennen wir Raum, weil wir selbst Raum brauchen, um da zu sein. Aber der Körper ist nicht der Raum.

Teilnehmer: Bei dieser Übung habe ich erlebt, dass, wenn ich versuche, mich ganz auszudehnen, in allen Richtungen, da ein Punkt kommt, wo ich das nicht mehr aushalte, und da muss ich eben zurück. Da entsteht der Raum. Aber was das macht? Es ist, wie wenn ich endlos ausatmen wollte. Das geht eben auch nicht, ich muss wieder einatmen.

Wenn wir das alles zusammenfassen, finden wir also, dass der Raum nicht nur Ausdehnung ist, sondern auch ein Beherrschen desjenigen, was sich ausdehnt – durch Begrenzung, durch Auge, durch Tasten, durch Gleichgewichtssinn, durch Atmung. Dieses Beherrschen, das Sich-im-Raum-halten-Können, das könnte man aus all diesen Anweisungen, die wir bekommen haben, entnehmen.

Wenn wir das noch einmal meditativ zusammenfassen könnten, dann hätten wir Persephone als Beherrscherin des Raumes. Das kann man kurz spüren: dass das etwas Ganzes ist, was sie macht und was in uns an vereinzelten Stellen wirkt, wodurch wir im Raum uns nicht verlieren, auch nicht zusammengedrückt werden. Das ist wirklich wunderbar, so, wie es sein soll.

Wir sind in einer ‚Grenzwissenschaft' angelangt – das ist es eigentlich, was wir allmählich erkennen können: dass sie, Persephone, uns innerhalb der *Grenze* lehrt.

Ich bin der Keim und der Quell deiner sichtbaren Welt.
Ich bin die Summe alles Lichtes, in dem du seelisch lebst.
Ich bin des Raumes Beherrscherin.

Das muss man erleben lernen.

Hier geht es um den Übergang von demjenigen, was die Seele erlebt, zu demjenigen, was Natur ist. Wenn wir davon ausgehen, wie wir illusionsmäßig im Raum darinnen sind, und wenn wir dann versuchen, aus dieser Illusion hinauszugehen, indem wir gerade den gewöhnlichen Raumes-Begriff verstärken und dasjenige ausfüllen, dem wir dann begegnen; wenn wir immer mehr in den gewöhnlichen äußerlichen Raum hineingehen, lehrt Natura uns, was Raum ist, wenn es nicht eine Illusion ist.

Wie wir uns wirklich *fühlen*, da ist Persephone. Sie ist des Raumes Beherrscherin, und sie tut das dadurch, dass wir einen Körper haben. Unser Körper ist Vermittler, dass wir uns in demjenigen, was wir vielleicht ganz illusionsartig als Raum auffassen, bewegen können, dass wir da einschätzen können, nicht schwindlig werden – das muss man als Beherrschung des Raumes erleben. Ebenso, wie auch die Haut eine Begrenzung des eigenen Raumes ist, wie man auch das spüren kann, seine eigene Begrenzung, physisch, die ganze Haut: wie man auch das als eine Wirkung von Persephone-Natura erleben kann.

Wir könnten jetzt ein Erlebnis vom Ätherleib haben, weil wir ausgegangen sind vom Raum-Begriff, uns dann Räume vorgestellt haben und so weiter. Letztendlich sind wir natürlich im Raum, und die wichtige Frage war dann: Wodurch ist der Mikrokosmos, der Leib, fähig, sich mit demjenigen, was ich als Raum erlebe, zurechtzufinden? Wodurch weiß ich, wie ich mich halten muss? Das gleicht dem, was wir vor der Pause fanden, als wir sagten: Sie ist nicht das Licht, aber sie macht das Erleben des Lichtes in der Seele. Das gilt auch für diese Erfahrung. Wenn wir darin erlebend *sein* könnten, hätten wir ein ätherisches Erleben. Das wäre nicht der Körper, auch nicht der äußerliche Körper, die Welt, sondern das wäre die übersinnliche Wahrnehmungstätigkeit der Sinne. Da ist man in derjenigen Welt, aus der die Sinne kommen, da haben sie ihren Ursprung. Das ist die Ätherwelt, da kommen die Sinne her.

Wenn wir nach *innen* gehen, in der Entwicklung des reinen Denkens, sind wir auch im Ätherischen, aber dann sind wir in demjenigen Teil des Ätherischen, das der Ätherleib des Kopfes ist. Und jetzt versuchen wir ganz vorsichtig, uns in einen anderen Teil der Ätherwelt hineinzuleben – wo der eigene Ätherleib auch mit dem Weltenäther zusammenhängt. Es ist ein unfassbarer Punkt, und trotzdem kann man ihn fassen. Er ist da, wo wir uns bewusst werden können, dass eine Kraft in uns waltet, die Sinneskraft ist, die eigentlich zu gleicher Zeit auch Denkkraft ist und die alle Sinneswahrnehmung erzeugt, aber es selbst nicht ist. Normalerweise ist man sich dessen nicht bewusst. Wir machen es jetzt bewusst, indem wir versuchen, Schritt für Schritt diesen Gang, der normalerweise immer gemacht wird, wenn man in der Welt ist, so zu verlangsamen, dass wir vielleicht in den Übergängen kurz spüren können: da ist sie.

Heute Mittag werden wir Persephone als Erzeugerin der Zeitenzyklen zu erleben versuchen. Und dann hoffe ich, außerdem heute Mittag auch noch die Elemente, die sie beherrscht, die ihr gehorchen, mit euch erleben zu lernen.

Wenn wir *mit* der Denkkraft, die lebendig bleibt, die Sinne öffnen könnten, während wir im Raum sind, dann wäre der Raum in seiner wahren Gestalt erlebbar und nicht mehr Illusion. Aber das geschieht natürlich nicht. Man öffnet seine Sinne, und der Raum ist wieder so, wie er immer ist. Aber, wenn wir des Denkens Kraft nicht verlieren würden, dann würde auch der Raum nicht seelenleer sein. Und das kann man unmittelbar erleben, wenn man es vollbringt, die Denkkraft aufrechtzuerhalten, wenn man die Sinne öffnet. Dann ist die Umgebung voll von Seele. Und das ist dann nicht mehr nur die eigene Tätigkeit, die da den Raum erfüllt.

Wir müssen dann doch immer wieder vom Tod singen, denn das ist unser Zustand.

(Es wird gesungen: J. S. Bach, Schlusschoral der Johannes-Passion).

ELFTE STUNDE

‚Ich bin der Zeitenzyklen Erzeugerin.'

Wir können vier Stimmungen aus dem Seelenkalender von Rudolf Steiner nehmen und können daran hoffentlich dann etwas empfinden von den Zeitenzyklen – obwohl man sich natürlich vorstellen muss, dass diese Sprüche ein *Seelen*kalender sind, sie verweisen darauf, was der Mensch seelisch mitmacht bei diesem Wandel der Zeiten durch das Jahr hindurch; aber draußen geschieht natürlich allerlei, und da ist es auch die Zeitenzyklen-Erzeugerin, die da arbeitet.

Zu *Johanni* sagt die Seele:

Der Welten Schönheitsglanz
Er zwinget mich aus Seelentiefen
Des Eigenlebens Götterkräfte
Zum Weltenfluge zu entbinden;
Mich selber zu verlassen,
Vertrauend nur mich suchend
In Weltenlicht und Weltenwärme.

Wir haben erlebt, wie im Frühling die Seele es immer mehr vollbringt, sich selbst zu verlassen. An Johanni, im Juni, am 24. Juni, kommt eine Art von Vollendung in diesem Sich-selbst-Verlassen zustande, und da geht das Göttliche in der Seele ganz nach außen. Ich kann mir das *vorstellen*: wie ich dann ganz aus mir herausgehe, hinaus in die Weltenwärme und das Weltenlicht.

Im Winter verhalte ich mich nicht so, ich verhalte mich so im Sommer. Jetzt (Ende August) sind wir schon wieder über diesen Punkt hinausgekommen, und wir bewegen uns schon wieder mehr zurück, zu uns selbst, und das bekommt mit dem Michaelsfest eine gewisse Befestigung – man kann sagen, da komme ich wiederum in mich selbst zurück, und ich kann hoffen, dass ich im Sommer etwas mit meinem

Leib und meiner Existenz hier auf Erden gemacht habe, damit dieses Göttliche in mir in Weltenlicht und Weltenwärme gewesen ist und nun nicht nur in eine ahrimanisierte Gegend zurückkommt. Denn das ist eigentlich immer so.

Dazu brauchen wir dann *Michael*, dass wir das können – dass wir wiederum in das Irdische und auch in den Leib hineinkommen können. Das ist also ein zweiter Punkt im Jahreskreislauf. Dafür hat Rudolf Steiner den folgenden Spruch gegeben – das können wir jetzt im Moment eigentlich noch nicht wirklich so fühlen, denn es ist noch nicht so weit, im August, aber wir wissen es natürlich aus der Erinnerung und können es auch vorausfühlen.

Natur, dein mütterliches Sein,
Ich trage es in meinem Willenswesen;
Und meines Willens Feuermacht,
Sie stählet meines Geistes Triebe,
Dass sie gebären Selbstgefühl,
Zu tragen mich in mir.

Die Seele kann also erleben, wie sie im Sommer aus sich herausgeht und dann mit Michael wiederum in sich zurück, mit *Mut* in sich zurückgehen kann. Dann dringt diese Eigenheit, dieses Selbst, im Lauf des Herbstes immer mehr in mich wiederum hinein, und ich bekomme dadurch die Gelegenheit, die Möglichkeit, mich in mir wirklich als Eigenwesen zu finden und auch das Licht des Eigenwesens immer stärker und stärker zu entfalten, bis ich zu *Weihnachten* sagen kann:

Ich fühle wie entzaubert
Das Geisteskind im Seelenschoß,
Es hat in Herzenshelligkeit
Gezeugt das heil'ge Weltenwort
Der Hoffnung Himmelsfrucht,
Die jubelnd wächst in Weltenfernen
Aus meines Wesens Gottesgrund.

Da wird das seelisch-geistige Licht wirklich auf Erden im Menschen leuchtend. Und dann muss die Seele sich wieder bereit machen, sich umzukehren, nachdem sie die Tiefen der Erde durchleuchtet hat. Sie muss wiederum sich zurückwenden, um Frühling und Sommer wieder erleben zu können, und zu *Ostern* sagt sie dann:

Wenn aus den Weltenweiten
Die Sonne spricht zum Menschensinn
Und Freude aus den Seelentiefen
Dem Licht sich eint im Schauen,
Dann ziehen aus der Selbstheit Hülle
Gedanken in die Raumesfernen
Und binden dumpf
Des Menschen Wesen an des Geistes Sein.

Dann gehen wir allmählich wieder dem Sommer entgegen, wo wir wiederum ganz aus uns heraus sind.

Das sind *Zeitenzyklen.* Man kann natürlich im Sommer abstrakt auch den Winter denken, das können wir, wir können auch so einen Winter-Spruch im Sommer meditieren, aber das wäre unpassend. Der abstrakte Verstand kann das. Wir können das aus den wirklichen Verhältnissen loslösen und einfach damit tun, was wir wollen. Aber es muss natürlich irgendwann so weit kommen, dass man das überhaupt nicht mehr *kann*, dass das etwas so sehr *nicht* Entsprechendes ist, dass man das nicht mehr kann.

Wenn man dieses Miterleben der Zeitenzyklen nicht hat, sind sie dennoch da, aber man lebt darüber hinweg. Das ist doch unser Drama, dass wir alles haben, aber dass wir darüber hinwegleben. Und wenn wir *mehr* wollen im Leben, so wie wir hier – dass wir hier zusammenkommen und etwas mehr suchen, als was das Leben so zu bieten hat –, dann ist das, was wir tun, ein Bewusstwerden desjenigen, was doch schon da ist, was aber überschrien, übertönt wird. Es gibt *so* viel Lärm von allerlei Art, dass solche Dinge gar nicht in das Bewusstsein hineinkommen. Im Seelenkalender wird das in Sprüchen gegeben, und dadurch wird es möglich, sich dessen bewusst zu werden.

Man kann es auch bis in die Begriffe bringen – so dass man auch wirklich rein denken kann, was es ist.

Rudolf Steiner beschreibt in einem Vortragszyklus über die Jahreszeiten, dass man in den Mysterien im Altertum im Sommer die Stimmung hatte, dass man da reif ist, das Licht, das göttliche Licht, zu empfangen. Wenn dann die Herbstzeit kommt, ist diese Zeit mehr dazu geeignet, um sich herum zu schauen. Im Sommer ist es mehr *das* (Geste der Ehrfurcht vor dem Höheren), und dann in der Michaelzeit ist es *das* (Geste der Ehrfurcht vor dem Gleichen). Und dann kommt der Winter, und da muss man sich hüten vor dem Bösen. Das ist eine bestimmte Variante der Ehrfurcht vor dem, was unten ist. Vor dem Bösen hat man natürlich nicht eine solche Ehrfurcht, wie man sie vor Gott hat, aber man kann sich vorstellen, dass das Sich-Hüten vor dem Bösen doch eine Variante davon ist; dass man sich zu hüten weiß. Und im Frühling wurde das dann: Erkenne dich selbst! Da finden wir die Ehrfurcht vor sich selbst. Das sind also wirklich doch diese vier Arten der Ehrfurcht.

Die bestimmten Aufgaben, die damit verbunden gedacht waren, waren, dass man im Sommer eine *Erleuchtung* spürte und dass die Zeit im Herbst die geeignete Zeit ist zur *Erkenntnis.* Wir haben das eigentlich noch, wenn die Schule oder die Vorlesungen im Herbst wieder beginnen, das Gefühl kennen wir noch: neue Hefte, Bleistifte, alles, wir fangen wieder an! Das ist die Freude an der Erkenntnisarbeit. – Und im Winter, wenn die Finsternis äußerlich herrscht, wo man sich hüten soll vor dem Bösen, da wurde man sich bewusst, dass das die Zeit der Versuchung ist. Dann kommt zum Frühling hin die Zeit der Buße. Wir kennen das noch in der Fastenzeit. Also das ‚Erkenne dich selbst!' hängt mit der Buße zusammen.

Ich verwende diese Inhalte nur, um Zeitenzyklen erlebbar zu machen. Es geht hier eigentlich nicht um das Inhaltliche, sondern es geht darum, dass es im Jahreslauf verschiedene Zyklen gibt, dass es da verschiedene, nicht nur innere Stimmungen, sondern auch äußere Tätigkeiten von Wesen in der Natur gibt, die mit unserer Natur einen Zusammenhang haben.

Wir wollen wiederum eine Übung machen – so, dass wir in diesem Sinne versuchen, die Zeitenzyklen im Jahresverlauf zu denken, zu empfinden, zu spüren. Man könnte auch sagen: phantasieren, man muss etwas Mut haben. Das ist bei all diesen Übungen so – das kann man eigentlich nicht nur mit dem Verstandesdenken machen, sondern man muss sich selbst gestatten, etwas zu wagen, ein bisschen *darumherum* zu denken und zu fühlen.

Wir können uns also diese vier Höhepunkte des Jahres in Erinnerung zurückrufen; was das für die menschliche Seele und für den menschlichen Leib bedeutet. Und wir können auch diese Mysterien des Altertums zu Hilfe rufen und *da* diese vier Höhepunkte versuchen, zu denken und zu erleben.

Wie auch immer wir es machen, lasst uns versuchen, in diesem Sinne ein Gespür für diese Zyklen der Zeit zu bekommen – dass das nicht ein undifferenziertes Etwas ist, was so fortläuft, in eine unbekannte Zukunft hinein, und wo es keine Differenzierungen gibt, sondern dass es gerade sehr wohl feine Differenzierungen gibt.

Wir fangen im Sommer an, da sind wir jetzt, gegen Herbst zu.

(Es wird meditiert).

Und dann versucht einmal, das Wesen der Zeit zu spüren: das läuft dahin und kommt einem entgegen.

(Es wird weiter meditiert).

Und versuchen wir, dieses Etwas – was auch etwas Unerbitterliches hat, denn die Zeit kommt immer und die Zeit geht auch immer –, versuchen wir, das, dieses Etwas, wie einen Begriff in uns zu festigen.

(Es wird weiter meditiert).

Dann können wir zum Beispiel versuchen, dies mitzunehmen, wenn wir uns Vorstellungen machen über ein Menschenleben, wo der Leib bei der Empfängnis körperlich beginnt: Baby, Kleinkind, Schulkind, Pubertät, junge Erwachsenheit, Erwachsenheit, Mitte des Lebens, späte Mitte des Lebens, Altwerden, Vergreisen, Abbau, bis zum Tod. Und dann können wir uns vorstellen, wie die Kindheit bei dem alten Menschen noch immer darinnen ist, und wie andererseits das Altwerden, der alte Mensch, auch schon dem Kleinkind entgegenlebt.

(Es wird weiter meditiert).

Das sind Zeitenzyklen. – Und dann können wir uns Vorstellungen bilden über den Zyklus in der Natur, den Jahreszyklus. Jetzt bedenken wir nicht, wie wir darin mitleben, sondern wie die Natur selbst in der Zeit immer wieder aufkommt, aufblüht, welkt, Keime und Früchte formt und wieder ganz verschwindet, scheinbar. Wie sie dann in der Erde ein Leben führt, um im Frühling wiederum sichtbar zu werden. Wenn man das intensiv macht und man diese Intensität mitnehmen könnte, wenn wir in die wirkliche Natur hineingehen – später, nach Hause oder zum Camping oder Hotel oder was auch immer, auf einer Wanderung, –, wenn man also dieses Etwas, was *Zeit* in ihrer Wandlung ist, mitnehmen könnte, dann könnten wir Schüler von Natura sein.

(Es wird weiter meditiert).

Dann öffnen wir wiederum unsere Sinne. Wenn dieses Etwas dann immer noch lebendig in uns kraften würde, würden wir selbst einen Seelenkalender schreiben können, denn dann würden wir wirklich nun selbst empfinden, in welcher Jahreszeit – an welchem Tag sogar – wir jetzt erlebend sind.

(Es wird weiter meditiert).

Der Sinnesleib ist der Raumesleib, und der Ätherleib ist Zeitleib.

Auch hier haben wir unmittelbar eine Möglichkeit, das Ätherische wahrnehmen zu lernen – obwohl es sich nicht aussprechen lässt; man kann nicht sagen: ‚Ja, das ist es.' Man kann nur so, wie wir es jetzt versuchen, sehr viel machen und dann *in* diesem Vielen darinnen das Zeitwesen spüren. Aber am Anfang ist das nichts, ist es gerade da, wo nichts ist. Es ist die innerliche Aktivität, die dafür sorgt, dass das Nichts ein Etwas wird.

Dann hoffe ich, noch eine Reise in die Elemente mit Euch machen zu können.

ZWÖLFTE STUNDE

In der Zeit, in der in Chartres noch ein Bewusstsein da war, dass es eine Göttin Natura gibt – obwohl sie immer weniger erreichbar war –, kam Brunetto Latini, der Lehrer von Dante, aus Spanien in die Nähe seiner Vaterstadt Florenz. Er hatte einen leisen Sonnenstich bekommen, aber war auch in einer innerlichen Verfassung, durch die dieser Sonnenstich so wirken konnte, wie er wirkte, denn er wurde in eine andere Welt versetzt. Und da, in dieser anderen Welt, hatte er eine Begegnung mit der Göttin Natura. Und er merkte, sagt Rudolf Steiner:

> Deine Sinne hast du aus dieser anderen Welt. Du wärest als Mensch sinnenlos, wenn diese andere Welt nicht durchdränge die gewöhnliche Welt, die du sonst siehst. Du stehst also als Mensch dadurch, daß dir deine Sinne eingesetzt sind in deinen Körper, im Zusammenhang mit dieser zweiten Welt.
>
> Und zu allen Zeiten hat man diese zweite Welt ... die Welt der Elemente genannt. Da drinnen hat es keinen Sinn, zu sprechen von Sauerstoff, Wasserstoff, Stickstoff und so weiter. Davon können wir reden zwischen Geburt und Tod. Da drinnen hat es nur einen Sinn, zu sprechen von den Elementen Erde, Wasser, Luft, Feuer und Licht und so weiter. Denn das Spezifische von Wasserstoff, Sauerstoff und so weiter hat gar keinen Bezug zu unseren Sinnen. Was der Chemiker findet an dem Geruch von Veilchen oder von Asa foetida, daß das eine einen sehr sympathischen, das andere einen höchst unsympathischen Geruch hat, was da chemisch gefunden wird, mit Namen von Stoffen bezeichnet wird, hat keine Bedeutung. Dagegen ist das alles, was da wirkt als Geruch, durchgeistigt. Luftförmig müßte man es bezeichnen im Sinne der Welt, in die der Tote unmittelbar nach dem Tode eintritt, aber differenzierte Luft, überall durchgeistigte Luft. So daß unsere Sinne wurzeln in der Elementenwelt, in der Welt, wo es noch einen Sinn hat, von Erde, Wasser, Feuer, Luft zu sprechen.
> [GA 243]

Wenn wir in Berührung kommen wollen mit den Elementen, dann haben wir es schwer – denn der Verstand hat so seine Erkenntnisse über diese vier Elemente, kennt sie vielleicht noch als Aggregatzustände, kennt sie natürlich auch als Reiche der Natur, aber das ist es nicht, was diese zweite Welt als wesentliche Eigenschaften der Elemente kennt. Wir müssen also etwas tun, um noch eine Ahnung davon zu bekommen, was diese Elemente in dieser zweiten Welt wirklich sind.

Nun hat Aristoteles schon zu seiner Zeit darüber geschrieben, auch Platon. Bei Aristoteles finden wir, dass er vier Qualitäten beschreibt: *kalt, trocken, feucht* und *warm*. Das sind nicht die vier Elemente, sondern das sind vier Qualitäten. Das können wir etwas mehr zu uns durchdringen lassen: trocken, kalt, feucht, warm.

Am Übergang von der Zeit der Verstandesseele in die Zeit der Bewusstseinsseele lebte ein Mann, den wir schon kennen, weil wir von Raphaela Bilder gezeigt bekommen haben zu dem Spruch ‚Ich denke die Rede'. Diese Bilder, diese Zeichnungen, sind von diesem selben Mann, *Heinrich Cornelius Agrippa von Nettesheim,* der von 1486 bis 1535 gelebt hat. Er hat ein Buch über die okkulte Philosophie geschrieben. Man kann es in der deutschen Übersetzung im Internet finden, aber es gibt es auch in Buchform. Und das Interessante dieses Werkes ist, dass es eine Art von Zusammenfassung der alten magischen Kenntnisse ist. Er sagt selbst, dass er es alles sehr verhüllt hat – und dann doch noch immer beschrieben hat. Nur derjenige, der ein Eingeweihter ist, kann wirklich darin lesen, was er sagen will.

Aber er hat doch auch viel gesagt, was man auch so lesen kann, ohne Einweihung, und was dann doch eine Art von Kompendium ist, wo die alten okkulten Erkenntnisse versammelt sind. Und er beginnt das Buch mit einer Beschreibung der vier Elemente. Wir brauchen doch wiederum Inhalt – obwohl wir später diesen Inhalt dann wieder ablegen müssen –, aber wir brauchen Inhalt, um die Essenz dieser Elemente finden zu können. Denn wenn wir sagen ‚Erde, Wasser, Luft, Feuer', haben wir natürlich schon etwas, aber das ist ganz innerhalb unserer Verstandestätigkeit, und das ist ganz armselig.

Ich lese jetzt ein Zitat von Agrippa von Nettesheim, De occulta Philosophia:

Es gibt vier Elemente und ursprüngliche Grundlagen aller äußerlichen Dinge, nämlich Feuer, Erde, Wasser und Luft. Aus diesen sind alle Naturgegenstände unserer Welt zusammengesetzt, jedoch nicht auf dem Weg der Zusammenhäufung, sondern durch Verwandlung und enge Verbindung. Wenn sie zerstört werden, so lösen sie sich wieder in die Elemente auf. Keines der sinnlichen Elemente ist übrigens rein, sondern sie sind mehr oder weniger gemischt und untereinander versetzbar. Plato ist der Meinung, die Erde ist durchaus unwandelbar, die übrigen hingegen lassen sich in diese und gegenseitig unter sich verwandeln. Jedes Element hat zwei spezifische Eigenschaften, wobei es die erste für sich ausschließlich besitzt, durch die zweite aber wie durch ein Medium mit dem folgenden Element zusammenhängt. Das Feuer ist warm und trocken, die Erde ist trocken und kalt, das Wasser ist kalt und feucht, die Luft ist feucht und warm. Nach den zwei entgegengesetzten Eigenschaften sind auch die Elemente einander entgegengesetzt, wie das Feuer dem Wasser und die Erde der Luft. Noch in anderer Weise stehen die Elemente einander entgegen. Die einen sind schwer, wie die Erde und das Wasser, die anderen leicht, wie die Luft und das Feuer. Deshalb wurden die ersteren von den Stoikern passive, leidende Elemente genannt, die anderen aber aktive. Plato unterscheidet die Elemente noch nach einer weiteren Art, indem er einem jeden drei Eigenschaften zuschreibt. Dem Feuer Schärfe, Dünnheit und Bewegung, der Erde Dunkelheit, Dichtheit und Ruhe, diesen Eigenschaften gemäß sind die beiden Elemente Feuer und Erde einander entgegengesetzt. Die übrigen Elemente borgen ihre Eigenschaften von diesen. Die Luft hat mit dem Feuer die Dünnheit und Bewegung, mit der Erde aber die Dunkelheit gemein. Das Wasser hat zwei Eigenschaften von der Erde, die Dunkelheit und Dichtheit, und eine vom Feuer, die Bewegung. Das Feuer aber ist um das Doppelte dünner, um das Dreifache beweglicher und um das Vierfache leuchtender als die Luft. Die Luft ist um das Doppelte schärfer, um das Dreifache dünner und um das Vierfache beweglicher als das Wasser. Das Wasser sodann ist um das Doppelte schärfer, um das Dreifache dünner und um das Vierfache beweglicher als die Erde. Wie sich also das Feuer zur Luft verhält, so verhält sich die Luft zum Wasser und das Wasser zur Erde. Und umgekehrt, wie sich die Erde zum Wasser verhält, so verhält sich das Wasser zur Luft und die Luft zum Feuer. Dies ist die Wurzel und Grundlage aller Körper, Naturen, Kräfte und wunderbaren Werke. Wer diese Eigenschaften der Elemente und ihrer Mischungen kennt, der wird ohne Schwierigkeit wunderbare und erstaunliche Dinge vollbringen und ein vollendeter Meister der natürlichen Magie sein.

Zuerst ist uns dies fremd, wir sind solche Gedanken nicht mehr gewohnt. Aber trotzdem ist es eine schöne Denkübung. Und wenn wir diese Denkübung machen, dann wird schon deutlich, dass es doch alles nicht so unsinnig ist. Wir werden bemerken, dass es etwas ganz anderes ist, was hier gesagt wird, als dass wir sagen: Wenn die Erde verdünnt wird, dann wird es Wasser, und wenn das Wasser warm wird, wird es Gas, und wenn das Gas warm wird, wird es Feuer... Eigentlich wissen wir nicht so viel mehr über die Elemente als diese schmalen Erkenntnisse.

Aber hier haben wir es mit *Qualitäten* zu tun, das ist etwas ganz anderes. Vier verschiedene Qualitäten, die in vier verschiedenen Mischungen die vier Elemente sind. Wir können das wenigstens innerlich meditieren, versuchen zu denken, wie diese vier Qualitäten in ihrer Mischung die Elemente sind. Da braucht man sein Gedächtnis eigentlich nicht, denn es geht – das muss man sich natürlich erinnern –, nur um trocken, kalt, warm, feucht. Und dann werden wir Alchemisten, und wir fangen an, diese vier Qualitäten zu mischen. Jedes Mal zwei, also trocken und kalt, trocken und warm, kalt und feucht, feucht und warm. Wasser ist feucht und kalt, Luft ist feucht und warm, warm und trocken ist das Feuer, und trocken und kalt ist die Erde.

Teilnehmer: Würde das in Zukunft, beim zukünftigen Hellsehen, eine Rolle spielen können, diese Einsicht?

Natürlich, denn *es ist so*, nur sind wir nicht mehr gewohnt, so damit umzugehen.

Also, versuchen wir, diese vier Mischungen innerlich zu denken und dann auch uns dabei etwas vorzustellen – dass man, wenn man sagt

‚kalt und trocken', dann auch die Kälte sich vorstellt und empfindet und die Trockenheit sich auch vorstellt und empfindet.

(Es wird meditiert).

Und mit diesen zwei Qualitäten versuchen wir dann, uns auch diese Elemente so lebhaft wie nur möglich vorzustellen: Erde, Wasser, Luft, Feuer.

(Es wird weiter meditiert).

Dann können wir unterscheiden in ‚schwer' und ‚leicht'.

(Es wird weiter meditiert).

Und dann in Schärfe, Dünnheit und Bewegung. Licht – dunkel, dünn – dicht, Bewegung – Ruhe.

(Es wird weiter meditiert).

Passiv und aktiv.

Ich werde dann noch ein paar kleine Beispiele von Agrippa von Nettesheim geben, wie diese vier Elemente beschrieben werden, denn das ist doch noch etwas anderes, als dass man diese Mischungen und Eigenschaften kennt:

> Zur Wirkung alles Wunderbaren reichen, wie Hermes sagt, zwei Elemente hin, Feuer und Erde. Diese ist leidend, jenes tätig. Das Feuer, sagt Dionysius, kommt in allem und durch alles zum Vorschein und verschwindet. Es ist in allem leuchtend und zugleich verborgen und unbekannt an und für sich. Wenn kein Stoff in Berührung mit ihm kommt, an welchem es seine eigentümliche Wirksamkeit offenbart, ist es unbegrenzt und unsichtbar. Es ist mächtig in seiner Wirkung, beweglich alles ergreifend, was in seine Nähe kommt, erneuernd, ein Wächter der Natur, erleuchtend hell, zurückstrahlend, nach oben strebend, scharf vordringend, immer Bewe-

gungen machend, aus sich selbst auf verborgene Weise emporwachsend und an den ergriffenen Stoffen seine Größe offenbarend.

Das Feuer selbst ist eins und alles durchdringend, wie die Pythagoräer sagen. Im Himmel ist es ausgedehnt und erleuchtend, in der Hölle aber zusammengedrängt, finster und marternd, in der Mitte aber an beiden Eigenschaften teilnehmend.

Aller Elemente Basis und Grundlage ist die Erde, denn sie ist Objekt, Subjekt und Behälter aller himmlischen Strahlen und Einflüsse. Sie enthält in sich die Samen und Samenkräfte aller Dinge. Deshalb heißt sie animalisch, vegetabilisch und mineralisch.

Nicht geringere Macht besitzen die beiden übrigen Elemente, nämlich das Wasser und die Luft. Das Wasser ist so notwendig, dass kein Tier ohne dasselbe leben könnte; kein Kraut, keine Pflanze könnte ohne Befruchtung durch Wasser fortkommen. In ihm liegt die Samenkraft aller Dinge, und zwar in erster Reihe der Tiere, deren Same, wie der Augenschein lehrt, wässrig ist. Aber auch die Samenkraft der Bäume, Gesträucher und Kräuter liegt in ihm; denn obgleich der Same derselben erdigen Natur ist, so muss er doch, wenn er fruchtbar sein soll, mit Wasser befeuchtet werden, mag es nun durch Einsaugen der Feuchtigkeit der Erde, oder durch Tau oder Regen oder durch absichtliches Begießen mit Wasser geschehen.

Die Luft ist der Lebensgeist, der alle Wesen durchströmt, allen Leben und Bestand verleiht, der alles bindet, bewegt und erfüllt. Deshalb zählen die hebräischen Lehrer die Luft nicht zu den Elementen, sondern betrachten sie als ein Medium und Bindemittel, welches Verschiedenes miteinander verbindet, und als einen Geist, der der Weltmaschine Stärke verleiht. Denn sie nimmt zunächst die Einflüsse aller Himmelskörper in sich auf und teilt sie sowohl den Elementen als auch den einzelnen, aus den verschiedenen Elementen bestehenden Naturgegenständen mit. Ebenso nimmt sie die Gestalten aller sowohl natürlichen als künstlichen Gegenstände, so wie die Laute jeglicher Rede, wie ein göttlicher Spiegel auf, hält dieselben fest, führt sie mit sich, und indem sie in die Körper der Menschen und Tiere eintritt, drückt sie ihnen diese Bilder nicht nur im Schlaf, sondern auch im wachen Zustand ein und gibt auf diese Weise Anlass zu verschiedenen wunderbaren Träumen, Ahnungen und Weissagungen. Daraus lässt es sich auch erklären, warum manche beim Vorübergehen an einer Stelle, auf welcher ein Mensch getötet wurde, oder wo ein frisch beerdigter Leichnam liegt, von plötzlicher Angst und Beklemmung befallen werden. Die Luft ist nämlich an solchen Stellen voll von den schrecklichen Bildern des verübten Mordes und beunruhigt daher, wenn sie daselbst eingeatmet wird.

Dann hat Rudolf Steiner in seiner esoterischen Schule auch noch eine Beziehung der Elemente zu dem menschlichen Körper gegeben. Und das können wir dann auch noch einmal versuchen zu empfinden, dafür müssen wir aber wiederum aufstehen.

Da stehen wir im *Pentagramm*. Und dann werden wir uns des rechten Fußes bewusst und versuchen, eine Kraftlinie zu spüren, die vom rechten Fuß zum Kopf, zur Stirn, geht – das ist *Erde*. Dann geht von diesem Punkt zu dem linken Fuß eine Kraftlinie nach unten, also da können wir versuchen, diese zu spüren – das ist *Wasser*. Dann geht vom linken Fuß zu der rechten Hand eine Kraftlinie – das ist *Luft*. Und dann geht eine horizontale Linie von der rechten Hand zur linken Hand – das ist *Feuer*. Und dann haben wir eine fünfte Linie, die geht von der linken Hand zu dem rechten Fuß, und das ist eine fünfte Essenz, die *Quinta Essentia*, ein fünftes Element.

Und nun sagt Persephone: Mir gehorchen Erde, Wasser, Licht, Luft und Feuer. Sie ist also nicht diese Elemente, sondern sie ist Dirigent dieser Elemente.

Also, versuchen wir noch einmal – es ist natürlich eine große Aufgabe, diese innerliche Konzentration aufzubringen, wir versuchen es zum Schluss dennoch noch einmal –, uns wiederum so lebhaft wie möglich in diese vier Elemente einzuleben, mit als fünftem Element in diesem Fall dem Licht, und es *so* zu versuchen – mit allen Bausteinen, die wir bekommen haben –, dass wir etwas wie Begriffe von Erde, Wasser, Luft und Feuer bilden. Das ist etwas ganz anderes als ein Begriff des Kreises, aber wir haben auch schon Begriffe von Raum und Zeit versucht zu bilden, und es wurde schon mit jedem Schritt schwieriger, man muss eine andere Art von Begriffsbildung entwickeln. Hier ist es wiederum eine Steigerung, dass wir versuchen, mit diesen Elementen, die wir bekommen haben, mit diesen Eigenschaften, Begriffe zu formen von Erde, Wasser, Luft, Feuer.

(Es wird meditiert).

Und dann versuchen wir, uns *Vorstellungen* von diesen vier Elementen zu formen, und wir versuchen, die Essenz dabei mitzunehmen.

(Es wird weiter meditiert).

Und dann gehen wir wiederum dazu über, uns Erinnerungsvorstellungen zu bilden. ... Dann können wir uns zum Beispiel ein Einwirken von Luft in das Wasser vorstellen, wenn zum Beispiel ein Sturm weht und dann das Wasser im Fluss oder im Meer aufpeitscht. Oder wie ein Feuer ein Wald in Asche legt. Wie im Berggebiet eine Lawine stattfinden kann. Aber auch viel feiner, wie zum Beispiel die Erde das Wasser braucht für alles Leben, oder wie der Mensch das innerliche Feuer, die körperliche Wärme braucht, um Mensch sein zu können.

(Es wird weiter meditiert).

Dann können wir versuchen, uns vorzustellen, dass eine geistige Wesenheit, Natura, existiert, die das alles bewirkt.

(Es wird weiter meditiert).

Und wenn das alles zur Kraft geworden ist und wir öffnen unsere Sinne und sind wiederum in der alltäglichen Welt – wenn das eine Kraft geworden ist, die bleiben könnte, wenn wir unsere Sinne geöffnet haben –, dann könnte man sich vorstellen, dass man wirklich diese geistige Wesenheit spüren könnte, wie sie mit diesen Elementen wirkt.

(Es wird weiter meditiert).

Aber die Sinne schwächen alles, die übertönen all diese denkkräftigen Wirkungen – aber nicht für immer.

Man braucht nicht in allen vier gleichzeitig erlebend zu sein – obwohl das in der Natur durchaus so ist –, man kann diese vier nebeneinander erleben und dann dazu übergehen, das immer mehr mit der Wirklichkeit zu verbinden. Zuerst haben wir eine Art von Chemie betrieben, Dinge miteinander vermischt. Dann bringt man das immer mehr mit der Wirklichkeit der erlebten Elemente zusammen, aber man versucht, diese Essenz, die in jedem Element darin ist, beizubehalten. So stellt man sich diese Elemente vor, zuerst mehr als Vorstellung, dann als Erinnerungsvorstellung und dann in die wahre Wirklichkeit der Sinneswirklichkeit hinein – und dann muss man noch versuchen, darin diese ursprüngliche Denkkraft aufrechtzuerhalten.

Man stellt sich ein Element vor, das trocken und kalt ist, und findet dann Erde. Wenn es feucht geworden ist, dieses Kalte, ist es Wasser; wenn das Feuchte warm ist, ist es Luft; und wenn das Trockene warm ist, dann ist es Feuer. Dann diese Vorstellungen bilden von Erde, Wasser, Luft, Feuer – und man kann sich dann helfen mit solchen wunderbaren Beschreibungen, die wir eigentlich nicht mehr im Bewusstsein haben (Agrippa von Nettesheim), aber man kann auch mit eigener Tätigkeit darüber allerlei wahrhaftige Gedanken bilden; noch ohne nach außen zu gehen, aber doch mit der Vorstellung. Und dann kommt die Erinnerungsvorstellung von zum Beispiel einem Fluss, wo ich wirklich gestanden habe, und der Erde, wo ich mit den Händen drin gewesen bin, oder einem Stein, den ich gehalten habe und gefühlt habe, wie schwer der war. Und dann habe ich noch hinzugefügt, dass wir das noch weiterführen können, wenn wir uns vorstellen, wie das in der Natur zu allerlei Naturwirkungen führt, wie Sturm oder Überflutung, Lawine…

Teilnehmer: Es könnte sinnvoll sein, die Kategorie ‚Position' – hängen, sitzen, liegen und stehen – miteinzubeziehen: Dass die Hände hängen; man fühlt, dass das Wasser liegt und die Luft sitzt, das Feuer steht – und dann ist man weg von dem Materiellen.

Ja, damit kann man dann im Denken weiter ‚spielen', zum Beispiel mit der Kategorie Position. Man könnte auch die Kategorie Zeit oder Raum verwenden, oder die Verwandlungen von einem Element in das andere. Da – in allem, was da wirkt – könnte man sich dann allmählich einleben in eine geistige Tätigkeit, die die Tätigkeit von Persephone ist. Und so, wie die Empfindung der Zeit etwas sehr Zartes und eigentlich auch Unbekanntes ist – obwohl man die Zeit natürlich ganz gut kennt –, so ist auch dies etwas sehr Zartes, Geistiges, was man aber doch spüren kann, wenn man sich so ausführlich darauf zubewegt. Und das ist wirklich ein Umbau, den wir in uns selbst vollbringen müssen.

Wir hatten einen alten Freund, der war Professor in der Inneren Medizin und kam in Amsterdam zu den Seminaren, als er noch lebte. Er war einerseits ein Naturwissenschaftler, das war die eine Seite, und die andere Seite war, dass er sehr spirituell interessiert war. Aber er konnte es nicht zusammenbringen. Für ihn war die Gottesidee – wie das bei Duns Scotus in der Scholastik gewesen ist –, dass man sich Gott vorstellt als ein Wesen, das eine *ganz* andere Art des Denkens, Fühlens und Wollens hat, wo überhaupt keine einzige Entsprechung mit dem Menschen da ist. Also kann der Mensch nie das göttliche Denken, Fühlen oder Wollen verstehen, denn es ist eine vollständig unbegreifliche Welt – so war das für ihn. Aber er kam dann doch zu den Seminaren, obwohl er überhaupt nicht akzeptieren konnte, dass ich vertrete, dass man durch das Denken den Geist erfassen kann. Allmählich änderte sich dann etwas in seiner Auffassung; aber ein schönes Beispiel für seine Verstandesart des Denkens war – und darum erzähle ich das –, als der Milleniumwechsel kam, von 1999 zu 2000. Darüber sprach man natürlich sehr viel, und da sagte er: ‚Das ist der größte Unsinn, denn es ist einfach ein Tag, der übergeht in den nächsten Tag.' Und ob das von 1999 nach 2000 ist oder ob das innerhalb eines Jahres vom 25. zum 26. August ist, das war für ihn als Unterschied absolut nicht verständlich. *Das* ist Verstand, nüchterner Verstand. Bei ihm war der Verstand sehr rein, aber es war für ihn unfassbar, dass in der Zeit so etwas wie wesentliche Übergänge stattfinden.

Es ist wirklich ein Umbau, den wir in uns selbst schaffen müssen – denn in uns selbst sitzt natürlich auch dieses Verstandeswesen, das dies alles nicht lebendig sehen will. Und dann so weit zu kommen, dass man durch solche Übungen, die wir hier machen, wirklich die Zeit in ihrer Wandelbarkeit erlebt, das ist schon ein Weg.

Und deshalb singen wir jedes Mal über den Tod... (‚Ach Herr lass dein lieb Engelein...' Schlusschoral der Johannes-Passion von J.S. Bach)

(Es wird gesungen).

DREIZEHNTE STUNDE

Wir wollen noch einmal zurückgehen zu unserem ersten Tag hier und uns in Erinnerung bringen, was wir da als zwei kleine Abschnitte von Steiner aus den ‚Grundlinien der Erkenntnistheorie der Goetheschen Weltanschauung' gelesen haben.

Darin wird sehr deutlich der Schwerpunkt der Erkenntnis umgekehrt. Dieser liegt nicht in der Wahrnehmung, sondern er liegt im Denken. Und ich habe dann die Hoffnung ausgesprochen, dass wir im Verlauf dieser Tage das auch selbst spüren lernen könnten.

Dazu haben wir eine Reihe von Übungen gemacht – anhand des Spruches von Persephone –, weil es von uns eigentlich nicht verlangt werden kann, dass wir innerlich auch wissen, dass dasjenige, was Rudolf Steiner sagt, wirklich wahr ist – obwohl man es natürlich mit seinem Wahrheitssinn begreifen kann. Es ist aber noch etwas anderes, wenn es auch eine *Wirklichkeit* werden kann. Dazu müssen wir stark daran arbeiten, dass wir dasjenige, was ganz abgelähmt, tot, in uns lebt – das ist das Denken –, so aktivieren, so stark machen, so intensiv, kräftig entwickeln, dass es wirklich intensivierte Kräfte in uns werden, die wir dann auch bemerken können. Also nicht eine Idee ist das dann mehr, sondern es ist eine *wirkende* Idee geworden. Einer wirkenden Idee stellt man sich von selbst erlebend gegenüber. Da bleibt man nicht mehr nur darin – man ist auch darin, denn man erzeugt die Kraft fortwährend –, sondern zu gleicher Zeit wird die wirkende Kraft erlebbar und also erlebt man sie. Man kann dann auch nicht anders, als den letzten Satz aus der ‚Philosophie der Freiheit' zu einer Realität zu erwecken, das geht tatsächlich von selbst. (*‚Man muss sich der Idee erlebend gegenüber stellen können, sonst gerät man unter ihre Knechtschaft.'*)

Solange die Idee eine abgeschwächte Scheingestalt ist, ist es schwierig, sich dieser Idee erlebend gegenüberzustellen. Denn man hat sie eigentlich nicht, man hat nur Inhalt, eine inhaltliche Idee; und in dem Moment, wo man sich dieser Idee erlebend gegenüberstellt, ist sie eigentlich schon wieder verschwunden. – Aber wenn man es dazu bringt, die Denkkräfte zu einer Realität zu verstärken, dann ist das *Erleben der Idee* eine Selbstverständlichkeit. Das ist etwas ganz anderes, als dass man nur den Inhalt erleben würde; der ist natürlich auch noch da, aber er ist in einer anderen Gestalt da.

Aber das haben wir zunächst nicht, und es tönt uns eigentlich aus der ganzen Welt entgegen, dass wir es nicht haben. Wir haben höchstens eine schwache Erinnerung an eine Jugendzeit, wo wir ein anderes Verhältnis zu der Außenwelt gehabt haben, wo wir eigentlich selbst noch zu der Außenwelt gehörten, also nicht das Gegenüber hatten, sondern wirklich mit der Außenwelt eins waren und dadurch in dieser Kräftewirklichkeit noch darinnen gewesen sind. Daraus sind wir ‚vertrieben' worden, und wir haben dadurch eine Art von Kraft in uns entwickelt, die man das Selbst nennen könnte, haben dadurch auch eine Haut entwickelt, wodurch ich sagen kann: ‚Hier bin ich, und alles andere, was ich nicht bin, ist nicht Ich, das weiß ich ganz genau.'

Dafür brauche ich aber dieses Verschwinden der Denkkräfte, denn in dem Moment, wo diese Denkkräfte wiederum da sind, ist zu gleicher Zeit deutlich, dass diese Denkkräfte, die ich in mir spüre, die ich in mir erlebe – dass diese Kräfte zu gleicher Zeit die schaffenden Kräfte der Welt sind. Da hört dieses ‚Hauterleben', dass man sich von der Umgebung abgeschlossen fühlt, in gewissem Sinn auf. Nicht so, dass man überhaupt nicht mehr weiß, wer man ist; aber man weiß, dass das Ich nicht nur in sich lebt, sondern dass es auch außerhalb mit aller Welt eins ist.

Das ist etwas, was, wenn man so das Bedürfnis nach einem Wirklichkeitserleben hat, dann auch befriedigt – weil man so stark erlebt, dass man nicht in der Wirklichkeit ist. Dann fängt man mit Freude an zu meditieren. Es kann dann eigentlich überhaupt nicht mehr so sein, dass es eine lästige Pflicht oder so etwas ist, denn man hat den Schmerz der Scheidung, der Trennung von der göttlichen Wirklichkeit so stark in sich, dass, wenn einmal deutlich wird, dass da eine Heilung möglich ist, man diese Arbeit mit Freude macht und es eigentlich eher etwas Schmerzliches ist, wenn es einmal nicht geht, wenn es zum Beispiel durch äußere Umstände unmöglich wird und man es verschieben muss. Es ist eher ein *Fehlen*, was man dann erlebt, als dass man es noch als einen Fehler ansehen kann, dass man es eigentlich nicht gemacht hat. Verstehen Sie, das ist etwas anderes.

Dieser Weg ist auch nicht *langweilig*, es gibt eigentlich überhaupt keine Langeweile darin. In der gewöhnlichen Welt hat man seine Ausbildung, seinen Beruf, bildet die Fähigkeiten zu einem gewissen Niveau aus, bekommt eine Familie, die Kinder wachsen auf – und das ist es dann eigentlich, da liegt das Streben. Aber wenn man mit diesem Weg anfängt, dann kommt ein neues, herrliches Streben auf.

Das bringt etwas in das Leben hinein, was ein *neues* Leben in dem alten Leben erzeugt. Und man fühlt sich dann schon in der Geisterkenntnis darin, weil da eine reale Erfahrung auftritt von demjenigen, was Geist ist – wovon man dann zu gleicher Zeit weiß: Den Geist trägst du sowieso auf Erden herum als Mensch; der Unterschied ist, dass ich es nicht gewusst habe, dass ich es nicht erlebt habe, dass ich damit auch nichts habe tun können. Jetzt kommt in das alte Leben ein Neues hinein. Der Gral kommt. Träger oder Trägerin ist das kräftig gewordene Denken.

Ein Gralserlebnis kann man als Bild oder als Gefühl schon zuvor haben, aber als Wirklichkeit kommt es erst zustande, wenn diese Denkkraft auch wirklich so stark geworden ist, dass sie wie ein zweiter Leib für einen wird. Der erste Leib ist von selbst da, der zweite ist auch von selbst da, aber man erlebt ihn nicht, und man muss diese starke Konzentration und Meditation aufbringen, um zu einem Erleben des eigenen Geistes, der eigenen geistigen Tätigkeit zu kommen. Man erlebt einen zweiten Menschen, einen zweiten Leib.

Und da habe ich dann in ‚Mein Lebensgang' bei Rudolf Steiner plötzlich – er stand natürlich immer schon da, der Satz – gelesen, *dass man ein Denken schafft, das gewissermaßen Leib ist und das als Seele, als Beseelung, die Weltgedanken in sich aufnimmt!*

Man muss dann eigentlich, wenn man das bildhaft vorstellen will, den gewöhnlichen leiblichen Menschen sehen, und darin einen zweiten Leib, den man natürlich durch Gnade, aber auch durch eigenen Einsatz geschaffen hat, erzeugt hat – Denkkraft ist das, das ist der zweite Leib. Dieser Leib nimmt dann als Seele die Weltgedanken in sich auf. Das haben wir hier Schritt für Schritt insoweit versucht zu üben, dass wir den Nachdruck auf diese innerliche Tätigkeit gelegt haben, weil sie gerade immer wieder weggefegt wird, durch die äußere Erfahrung. Wenn wir nicht extrem stark innerlich tätig werden, dann wird es nicht möglich, mit diesem zweiten Leib Weltgedanken in sich – in diesen Denk-Leib – aufzunehmen, denn in dem Moment, wo man nach außen schaut, ist der Denk-Leib, der zweite Leib verschwunden. Es muss also eine Begegnung werden zwischen demjenigen, was man durch Willenskraft als Denkkraft erzeugt, und demjenigen, was von außerhalb da hineinwebt.

Dieser zweite Leib ist so, dass darin das Ich der Denker ist; und wenn dieser Leib sich dann hingibt, den Weltgedanken hingibt, dann wird dieser selbstgedachte Leib durch die Weltgedanken gedacht. Dann gibt es eine neue Hingabe. Man wird wiederum gedacht.

Und das ist ein Punkt, an dem man nicht vorbeigehen kann. Man muss zuerst *selbst* Denker werden, denn der zweite Leib entsteht nur dadurch, dass man mit dem Willen das Denken bewegt. Also nicht: ‚Ich bin hier, und da habe ich meine Gedanken', sondern ich erzeuge die Gedanken. Nicht dass ich neue Gedanken ersinne, ich kann sehr gut bestehende Gedanken dafür nehmen, darum geht es nicht; es geht darum, dass man *selbst denkt.* Wenn ich den Kreisbegriff denke, kann ich ihn aufsagen oder nachsprechen, da denke ich nicht. Ich kann ihn vorstellen, dann denke ich auch nicht. Ich muss wirklich *selbst ganz innerlich Kreisbegriff werden.* Und wenn wir das zustande bringen, dann kommt diese wirkende Idee zustande. Da wird die Idee wirksam und wird zweiter Leib.

Das ist, könnte man sagen, die Tätigkeit, die wir ausüben auf dem Weg dahin, dass wir ein Sophia-Wesen werden. Rudolf Steiner hat in den Vorträgen über das Johannes-Evangelium – ich habe es schon oft gesagt – im letzten Vortrag beschrieben, wie der christliche Einweihungsweg auf der Meditation des Johannes-Evangeliums beruht. Und er sagt: Wenn man das so weit intensivieren kann, dass das ganze Leben damit ausgefüllt ist, dann hat man seine Seele völlig gereinigt und so zur Ruhe gebracht, dass sie mit dem ruhenden Ätherleib zusammengehen kann, das ist eine Art von Hochzeit. Und dann sagt er: Man kann auch durch die Arbeit an der ‚Philosophie der Freiheit' dieses Sophia-Wesen innerlich werden. Die Tätigkeit ist also eine gleichartige; der Inhalt ist natürlich ganz verschieden, aber was man in sich tut, ist ähnlich.

Zwei Seiten müssen geübt werden. Einerseits ist es eine Art von Meditation, die man macht, da hat man also die *Verstärkung der Begriffsseite*, da wird die Denkkraft im Begriff immer stärker. Aber man muss auch die *Beweglichkeit des Denkens* üben. Und dazu braucht man dann doch auch wiederum Denkübungen, die mit mehr Gedanken zu tun haben, nicht mit einem einzigen Begriff, zum Beispiel die ‚Philosophie der Freiheit' oder etwas anderes, wo sich das Denken wirklich anstrengen muss und wo es ein Vorbild findet, wie in einer reinen Weise die Begriffe miteinander verbunden werden. Das ist das zweite. – Und *das dritte ist dann das Bewusstsein dessen* – das ist eigentlich das Licht, das darauf fällt; *das ist das Erleben der Idee*, der wirksamen Idee.

Und damit kommen wir dann, wenn wir dem Weg gefolgt sind, wiederum viel mehr in das Innerliche der Seele zurück. Wir hatten zuerst eine Übung mit dem Kreisbegriff gemacht, zu der sichtbaren Welt hin, und haben versucht, mit dem verstärkten Denken den Übergang zu erleben vom Denken zu der sichtbaren Welt. Das war die erste Übung.

‚Ich bin der Keim und der Quell deiner sichtbaren Welt.'

Dann haben wir eine zweite Übung gemacht, wobei wir versucht haben, immer wieder die Aufmerksamkeit auf die Frage zu lenken: Was ist hier das Licht? Das Licht im Begriff, das Licht in der Vorstellung, das Licht in der Erinnerung, das Licht in dem Übergang von innerlicher Erinnerung zu äußerlicher Erscheinung, und das Licht des Tages.

‚Ich bin die Summe des Lichtes, in dem du seelisch lebest.'

Also: Das Licht im Begriff, das Licht in der Vorstellung, das Licht in der Erinnerungsvorstellung, das Licht in der Vorstellung von der

Außenwelt, Übergang zum Erleben mit geöffneten Sinnen, aber noch nicht gemacht, sondern vorgestellt, und dann das Licht des Tages.

Eigentlich müssten wir, wenn wir solche Übungen machen und spüren, wie stark wir werden, innerlich, in dem Moment, wo wir dann wirklich die Sinne öffnen und spüren, wie diese innerliche Stärke durch die dichte, ahrimanische Wirklichkeit übertönt wird – da müssten wir es in diesem Übergang eigentlich wagen, dieses Wesen von Ahriman in uns *wirksam zu fühlen*. Denn man kommt wirklich voll energisch an ... und dann wird es abgelähmt. Und das tut *er* – und das müssten wir eigentlich immer mehr erkennen, denn dann verliert er seine Macht. Gegenmächte können nicht tätig sein, wenn sie erkannt werden.

In diesem Moment tritt auch die Illusion ein, denn wir kamen mit Energie, innerlicher Energie an, die uns abgenommen wird, weil wir noch nicht stark genug sind. Und dadurch, dass diese Denkkraft nicht aufrecht bleiben kann, wenn sie *die Weltgedanken mit Sinnen sieht*, dadurch wird die Wahrnehmung eine Illusion. Man muss ein Gefühl für Tragik und Drama haben, denn das ist nicht einfach nur Theorie, es ist Drama, Tragik.

Man muss allmählich erkennen lernen, dass der Geist auf Erden nur bewusst existieren kann durch *fortwährende innerliche Aktivität*. Und das ist natürlich etwas, was ganz der Faulheit entgegengesetzt ist. Man will auf der Coach fernsehen, will, dass Bilder kommen, von selbst – ich kann sie einfach hinnehmen und kann ruhen, ich brauche ja Ruhe, ich habe so hart gearbeitet, ich brauche Ruhe.

Das sind also die Gegensätze. Das ist schon etwas, dass man sich bewusst wird, dass der Geist auf Erden durch den Menschen hindurch wirksam werden muss und dass das nur geschehen kann, wenn der Mensch es aufbringen will, immer mehr innerlich aktiv zu sein. Sogar, wenn ich etwas miterlebe von einem anderen Menschen die gewöhnliche innerliche Aktivität ist dann: Kritik. Das muss umgewandelt werden in ein Mitschaffen desjenigen, was der Andere sagt oder ist oder tut. Da hört in gewissem Sinn das gewöhnliche Gegenüber auf, denn man vereinigt sich mit der Tätigkeit des anderen Menschen. Man kann natürlich sagen: ‚Das kann ich ja ganz falsch interpretieren' – aber man ist dann gar nicht mit Interpretation beschäftigt, man macht einfach mit, soweit man das kann. Also fortwährende innerliche Aktivität.

Dann haben wir versucht, in gewissem Sinn eine Essenz, den Begriff des Raumes zu bilden und dann durch diese Schritte hindurch, von innen nach außen, beim Übergang von innen nach außen, nicht unmittelbar wieder in die gewöhnliche Raumes-Illusion hineinzufallen, sondern diese Erfahrung innerhalb der Sinne, die mit dem Raumeserleben zu tun haben, diese Beherrscherin des Raumes gewahr zu werden. Und da müssen wir schon innerlich mehr Künstler geworden sein.

Wir haben zum Beispiel erlebt, dass der Raum nicht bis in das Unendliche sich ausdehnend gedacht werden kann, sondern dass da irgendwie ein Halt ist. Das ist Beherrschen des Raumes. Aber es ist auch Beherrschen des Raumes, dass wir im Raum nicht durch Naturkräfte umfallen, sondern dass wir in *diesem* Sinn den Raum beherrschen. Auch dass wir, wie soll ich sagen, die Begrenzung des Raumes mit den Augen wahrnehmen, auch mit den Fußsohlen, das ist auch Begrenzung des Raumes.

Man müsste in gewissem Sinn in der *Denkkraft* in den Sinnen Halt machen. Das machen wir nicht, wir gehen einen Schritt *zu weit* – und sind dann außerhalb, aber eigentlich gar nicht außerhalb, sondern die Welt ist dann außerhalb von uns. Wir würden aber einen nicht-illusionären Raum erleben, wenn wir in den Sinnen Halt machen könnten.

Und dann wird es immer schwieriger. Dann haben wir versucht, die Zeit zu erfassen, und hier nicht so sehr nur Vergangenheit, Gegenwart, Zukunft, sondern die Jahreszyklen. Dasjenige, was im Lauf des Jahres als Zeitqualität sich ändert, haben wir versucht zu spüren. Das glaubt der abstrakte Wissenschaftler natürlich nicht: dass Zeit auch Qualität hat; nur Vergangenheit, Zukunft und Jetzt, das sind für ihn die drei Zeitqualitäten. Die feinen Differenzierungen, die mit Wachstum und Blühen und Keimen und Fruchten und Welken und Sterben der Natur zusammenhängen, diese Qualitäten, sind aber auch Eigenschaften der Zeit. Und das ist es, was *Persephone erzeugt*, sie bringt das hervor. Sie ist nicht die Zeit – das müssen wir immer wieder unterscheiden –, aber sie bringt *Qualität in die Zeit* hinein, die mit der Natur zusammenhängt.

Dann haben wir noch versucht, die *vier Elemente* innerlich begriffsmäßig zu erleben und dann wiederum durch diese Schritte hindurchzugehen, in die wahre Sinneswirklichkeit hinein, nicht in die Illusion, sondern in die wahre Sinneswirklichkeit. Und diese liegt also gerade im Übergang von der *Vorstellung* der natürlichen Welt zur *Wirklichkeit* der natürlichen Welt.

Wir haben schon mit vielen verschiedenen Menschen Meditationsübungen gemacht, und man kann zum Beispiel anhand der Imagination des Rosenkreuzes die Meditation lernen.

Da gibt es zuerst die Aufgabe, sich innerlich sehr stark vorzustellen, was die Bedeutung des Rosenkreuzes ist, also die *Bedeutung* geht voran. Man bildet nicht das Kreuz und starrt es an, sondern man bildet zuerst die Bedeutung des Rosenkreuzes, auch mit sehr starken Gefühlen, und dann wird das Bild geschaffen. Das wird dann kontempliert, könnte man sagen, dabei verweilt man und denkt nicht weiter.

Der zweite Schritt in dieser Meditationsübung ist, dass man das dann noch einmal macht, aber nun nicht die Aufmerksamkeit darauf richtet, was man letztendlich bilden will, sondern dass man die Aufmerksamkeit *auf das Bilden selbst* lenkt. Ich mache also genau dasselbe, was ich zuvor gemacht habe, aber ich strebe nicht zum Ziel, sondern verweile bei den Schritten, die ich mache. Da kommt man dann also dahin, sich das schwarze Holz und die sieben roten Rosen vorzustellen.

In dieser zweiten Phase der Meditation, wo man sich bewusst wird, dass man bildet, wird diese innerliche Wissenssicherheit ausgesprochen deutlich, denn wenn man dann schwarzes Holz vorstellt und die Aufmerksamkeit nicht auf das Resultat lenkt, was erscheint, sondern auf das ‚Wie mache ich das?', dann erlebt man, *dass man weiß, wie man Holz vorstellen muss.* Man ist eigentlich mit dem Holz ganz eins. Und wenn man eine Rose vorstellen will und man hat seine Aufmerksamkeit nicht auf das Resultat gelenkt, sondern hält sie in einer Art Beherrschung zurück und bleibt bei dem Bilden der Rose, dann entdeckt man, dass man innerlich genau weiß, was ein Rosenblatt ist – die Substanz, das Material, die Materie eines Rosenblattes, das weiß man innerlich viel, viel besser, als wenn man es äußerlich sieht. Und dann weiß man: Wenn ich es äußerlich sehe, sehe ich es so grandios, weil ich innerlich diese Rosennatur in mir trage.

Das sind gewaltige Entdeckungen, und die brauchen wir, um Persephone kennenzulernen.

Das haben wir in den vergangenen Tagen in Ansätzen geübt – und ich will nochmals betonen, dass es darum geht, das innerliche Bilden zentral zu machen, zum Zentrum zu machen, und das dann immer mehr zu veräußerlichen, indem man *vorstellt, erinnert, Vorstellungen der Umgebung formt und dann in die Umgebung hineingeht.*

Es steht so beschrieben in ‚Die Geheimwissenschaft im Umriss', wo Rudolf Steiner die Rosenkreuz-Meditation als Vorbild für die Meditation an sich nimmt. Da wird dies genau so beschrieben. Ich habe es jetzt natürlich mit meinem eigenen Erleben geschildert: dass man, wenn man das tut – das steht da nicht –, man wirklich darauf kommt, dass man all diese auch äußerlichen Eigenschaften und Dinge, Substanzen, dass man alles eigentlich innerlich hat. Natürlich befruchtet durch das, was man mit den Sinnen in seinem Leben wahrgenommen hat. Aber man kann doch unmittelbar wissen, dass, wenn man ein Rosenblatt innerlich vorstellt und sich bewusst wird, dass man genau weiß, was das ist – viel besser weiß man es, als wenn man es sieht –, dass man dann weiß: Das trage ich immer der Sinneswelt entgegen. Es ist nicht so, dass die Sinneswelt das in mir als einen Nachklang aufruft, sondern ich bin das und *ich erkenne mich in der Außenwelt*, mich in einem höheren Sinn.

Wir sind wirklich Mikrokosmos, und das ist nicht nur der Leib, der das ist, sondern der Leib ist vom Geist geschaffen. Also das Ganze, was wir sind, ist auch Makrokosmos, aber der Geist kann es wissen, der Leib nicht.

Wir haben alles in uns – und das war eigentlich für mich jetzt so wichtig, dass wir das einmal zusammen ganz stark zum Thema machen würden, weil wir eigentlich auch nicht weiterkommen können, wenn immer wieder die Meinung bleibt, dass alles aus der Außenwelt kommen muss und dass das eigentlich Altruismus ist.

Denn das spielt eben auch noch mit, dass man es mit *Egoismus* verwechselt, wenn der Mensch so stark innerlich aktiv wird. Das ist in gewissem Sinn auch so, aber wenn man es mit dem Denken macht, kann es nie in die falsche Richtung gehen, denn das Denken ist eine Universalie – und da macht man also die Universalia aktiv und nicht die eigenen persönlichen Interessen. Dass man sich der Außenwelt hingeben sollte, ist eigentlich eine Hingabe an Ahriman – der nimmt uns gerne entgegen und schwächt die inneren Kräfte immer mehr.

Und ich kann mit Sicherheit sagen, dass die Kunst der Erzeugung der reinen Begriffe und auch der reinen Begriffsverbindungstätigkeit und das *Erleben* dessen wirklich die Läuterung der Seele herbeiführt. Man braucht auch nicht *alles* zu tun, wenn man dasjenige, was man tut, nur mit allem Einsatz macht.

*

‚Empfinde mich als alles Stoffes unstofflichen Ursprung.'

Und nun können wir uns, wenn wir das in Erinnerung haben, daran erinnern, was Rudolf Steiner in dem Aufsatz ‚Philosophie und Anthroposophie'[8] schreibt. Für die Menschen, die sich daran nicht erinnern können, werde ich es noch einmal aussprechen. Es ist für uns an diesem Punkt sehr wichtig.

Er beschreibt da, dass in der Philosophie der Gegensatz zwischen Begriff und Stoff, Form und Materie, nie überwunden worden ist. Aristoteles hat das sehr ausführlich durchforscht. Er hatte natürlich wirklich sehr viele Begriffe, war auch der Meister der Logik, könnte man sagen, hat die Logik als erster beschrieben, die Grundbegriffe herausgefunden – und er sagt dann: Wenn man alle Begriffe, alle möglichen Begriffe der Welt bilden könnte, dann hätte sich die

---

[8] GA 35.

ganze Welt gleichsam aufgelöst in Begriff, in Form; dann würde für uns alles Form, Begriff – aber dann würde doch immer noch etwas übrig bleiben, was nicht in diese Formenwelt gehört, und das ist die Materie, der Stoff. Also er schildert eine Welt der Stofflichkeit, und dieser Stoff geht durch alles in der sichtbaren Welt hindurch, aber verwandelt sich, je nachdem, ob es dieses oder jenes Ding ist. Und die Form, der Begriff, ist die bildende Kraft, die den Stoff so bildet, dass er dieses oder jenes Ding ist.

Das ist für uns jetzt sehr wichtig, das noch einmal zu denken: Es gibt Stoff, der Stoff ist ungebildet, es ist eine Entität, aber hat keine Form, und der Begriff ist die lebendige, schaffende Kraft, durch die der Stoff zum Wesen oder Ding geworden ist, aber es sind eigentlich zwei Welten. Form und Materie, Begriff und Stoff. Aber Stoff kann hier auch nicht-sinnlich sein, zum Beispiel Gedankenstoff.

Teilnehmer: Ist das dann ähnlich wie Substanz und die anderen Kategorien?

Substanz ist der durch den Begriff geformte Stoff, also gewordenes Ding, vereinzeltes, auf sich beruhendes Ding. Das ist das Wesen, nicht der Stoff. Das ist die Schwierigkeit mit diesem Wort.

Teilnehmer: Und was ist dann eigentlich Stoff?

Das ist dann die nächste Frage.

Rudolf Steiner beschreibt, dass dieser Gegensatz eigentlich geblieben ist. Und dann kommt Fichte, der Philosoph, und er hat eine sehr starke Ich-Philosophie, er weiß, dass der Mensch in gewissem Sinn sein Ich schaffen kann. Das ist eine ketzerische Aussage, könnte man sagen, dass der Mensch selbst sein Ich hervorbringt. Und da sagt Rudolf Steiner: So kann Aristoteles durch Fichte ergänzt werden, und dadurch löst sich an einem Punkt im Universum der Gegensatz zwischen Form und Materie, zwischen Begriff und Stoff. Dies ist der Fall, wenn der Mensch so viel Mut hat und so viel Kraft aufbringt, dass er sein Ich so stark tätig macht, dass er diese Tätigkeit gewahr wird. Er wird gewahr, dass das Ich als Denker sich selbst als Wirkliches hervorbringt.

Dasjenige, was dann als Ich-Denkkraft entsteht, ist Materie, ist Stoff, ist Geist-Stoff, und das Ich selbst ist die Form. So ist dann Form und Stoff ein und dasselbe – so, als ob man selbst über einen Abgrund die Brücke bauen würde, um hinüber zu kommen. Es wird deutlich gefühlt, dass man gar nicht an die andere Seite kommen kann, nur dadurch, dass man den Stoff fortwährend selbst bildet. Man geht wirklich über den Abgrund und baut mit dem Ich-Stoff die Brücke, man schafft selbst den Stoff, er wird nicht vorgefunden, sondern während der Tätigkeit geschaffen.

Das ist das Ich. Im tätigen Ich ist dieser Gegensatz zwischen Form und Materie aufgehoben, völlig nicht mehr da. Das Ich ist als Form zugleich auch Stoff.

Da hat man dann zum ersten Mal einen Anhaltspunkt für das *Wesen des Stoffes*. Da kann man wirklich erleben, was Stoff ist, auch wenn es nicht dichte Materie ist, sondern Geist-Materie. Und wenn dann Persephone sagt ‚Empfinde mich als alles Stoffes unstofflichen Ursprung', dann sind wir in diesem Gebiet.

Schon in ‚Wahrheit und Wissenschaft' hat Rudolf Steiner diese Ich-Tätigkeit beschrieben:

> *Der Umstand, daß das Ich durch Freiheit sich in Tätigkeit versetzen kann, macht es ihm möglich, aus sich heraus durch Selbstbestimmung die Kategorie des Erkennens zu realisieren, während in der übrigen Welt die Kategorien sich durch objektive Notwendigkeit mit dem ihnen korrespondierenden Gegebenen verknüpft erweisen.*

‚Der Umstand, dass das Ich durch Freiheit sich in Tätigkeit sich versetzen kann' – das muss man fühlen: dass man frei ist in seinem Ich. Es ist genau das, was wir hier fortwährend tun. Wir sind frei in unserem Ich, aktiv zu werden. ‚Der Umstand, dass das Ich durch Freiheit sich in Tätigkeit versetzen kann, macht es ihm möglich, aus sich heraus' – nicht durch etwas anderes bestimmt – ‚durch Selbstbestimmung' – keine andere Bestimmung – ‚die Kategorie des Erkennens zu realisieren'. Das wird *eine Wirklichkeit*, diese Kategorie des Erkennens, es ist nicht ein theoretisches Gebilde. Aber man wird dann selbst Kategorie des Erkennens. Das ist es, was ich dann aus diesem Satz gelesen habe: *Die dreizehnte Kategorie*.

Teilnehmer: Ist das dann auch Isis-Sophia, die dreizehnte Kategorie?

Sophia ist die umfassende Weisheit, also dasjenige, was wir bei Rudolf Steiner beschrieben finden als das in sich ruhende, harmonievolle, einheitliche Gedankenwesen. Und das Ich tritt darin ein, könnte man sagen, und erzeugt sich selbst, während es diese Weisheit von Sophia ‚verwendet'. Also wir brauchen diese Gedankenwesenheit, um das tun zu können. Die dreizehnte Kategorie ist die Kategorie des Erkennens, das Ich schaut sich in seiner Tätigkeit an und erkennt sich selbst darin und dadurch, dass es die erkennende Tätigkeit entfaltet.

Man könnte sagen, die gereinigte Seele ist Sophia und der Ätherleib ist Persephone – und das Ich schafft sich selbst dank Sophia durch diese seelische Welt hindurch, die rein geworden ist, und kann dadurch zu einem ich-bewussten ätherischen Hellsehen kommen. Dank Sophia kann das Ich sich entfalten, und es geht dann durch die gereinigte Seele hindurch bis in das Ätherische und schafft da das neue ätherische Hellsehen.

Das Ich arbeitet an der Seele, so dass die Seele nicht mehr selbstsüchtige Ideen entwickelt. Dadurch wird sie Sophia, und dadurch, dass sie Sophia wird, kann das Ich durch sie hindurch bis in das Ätherische hineinkommen – und Sophia berührt dann eigentlich, vermählt sich mit dem Ätherischen. Dadurch entsteht dann ein ich-haftes Hellsehen.

Da kann man also nicht – ich wiederhole es noch einmal – sich ohne Tätigkeit hinsetzen und einfach abwarten, was kommt. Man füllt selbstverständlich nicht selbst den Inhalt ein, aber *die Tätigkeit muss da sein*, und diese Tätigkeit wird dann von höheren Wesen verwendet, um in ihr zu denken, zu fühlen und zu wollen. Das ist die neue Hingabe, könnte man sagen, nicht eine kraftlose Hingabe, sondern eine *Hingabe der Kraft* – nicht dass die Kraft dann nicht mehr da ist, sondern man stellt sie der geistigen Welt zur Verfügung. Das ist der Leib, der als Seele die Weltgedanken in sich aufnimmt und *die Weltgedanken sind Wesen.*

VIERZEHNTE STUNDE

Wir müssen noch einmal zu den Elementen zurückkehren, damit wir eine mehr oder weniger richtige Vorstellung von demjenigen haben, was die nicht-illusionäre Seite der Elemente ist.

Man kann auch sagen, es sind *Zustände*. Wir kennen aus der ‚Geheimwissenschaft' von Rudolf Steiner die drei planetarischen Zustände, die der Erde vorausgegangen sind, und da haben wir dann, wenn wir das lesen, den Auftrag bekommen, uns in dem Saturn-Zustand nur Wärme vorzustellen, nur differenzierte Wärme, nichts anderes. Das kann der Verstand schon überhaupt nicht, denn der muss ein Element haben, das die Wärme trägt, warmes Wasser oder warme Luft oder so etwas. Aber Wärme an sich ist schwierig vorzustellen. Rudolf Steiner gibt uns die Anleitung, dass wir uns *seelische* Wärme, Enthusiasmus, vorstellen müssen, um die mehr geistige Seite der Wärme fassen zu können. Also wir haben die Wärme pur, nur Wärme, auf dem Alten Saturn.

Dann kommt die Phase der zweiten Verkörperung, das ist die Alte Sonne, und da geht diese Wärme, könnte man sagen, auseinander. Von der Wärme ausgehend entsteht nach oben, könnte man sagen, Licht und nach unten Luft. Da haben wir also nicht mehr nur Wärme, sondern da haben wir auch Luft und Licht. Man könnte sagen, wenn die Wärme noch wärmer wird – das geht natürlich nicht, aber wenn sie sich mehr verdünnt –, wird sie Licht, und wenn sie sich mehr verdichtet, wird sie Luft.

Teilnehmer: Und die existierende Wärme, das sind eigentlich die Wesen des Saturn, die immer noch Wärme sind.

Das bleibt durch alle Entwicklung hindurch, sonst würden wir die Wärme nicht haben. Was also in uns Wärme ist, ist Saturn. Die Wärme war aber gegliedert – so, wie wir versucht haben, zu erleben, dass die Zeit gegliedert ist, kann man sich in einer anderen Art auch vorstellen, dass die Wärme gegliedert ist.

Teilnehmer: Das war die Anlage des physischen Körpers, auf Saturn.

In der zweiten Verkörperung bekommt dieser Wärmeleib einen selbständigen Ätherleib. Zuvor war der Ätherleib in einer Vorstufe, als Teil der höheren Wesenheiten, auch da, aber er war nicht selbständig. Jetzt ist er selbständig, jetzt hat das neue, geschaffene, warme physische Wesen auch ätherische Begabung. Die Wärme wird nach ‚oben' Licht, nach ‚unten' Luft.

Dann kommt die dritte Verkörperung, wo nach oben eine weitere Vergeistigung oder Verdünnung auftritt, indem der Klangäther, die Formkraft, die bildende Kraft entsteht, gegeben wird, und nach unten das Wasser, die Flüssigkeit. Festen Stoff gibt es also noch nicht, es gibt nur flüssigen Stoff, und das können wir dann beibehalten, wenn wir jetzt auf der Erde versuchen, das Element Wasser, Flüssigkeit, zu denken. Also etwas, was der Festigkeit vorangeht: noch nicht geronnen, noch flüssig. Und wir müssen uns die Formkraft vorstellen, sie ist dann das Höchste, das ist der Klangäther.
Dann bekommt das wärme-physische Wesen, das auch Luft- und Lichtqualität hat, mit einem Ätherleib, in diesen flüssigen Zustand, wo auch der Klang hinzukommt, den Astralleib eingegliedert, die Seele.

Und nun kann man sich vorstellen, dass auf der Erde letztendlich die Flüssigkeit immer zäher und dicker wird, bis das eine feste Form annimmt, und nach oben kommt dann der Lebensäther hinzu. Und dieses Wesen kann ein Ich in sich empfangen und dies dann weiter entwickeln.

Das tragende Element des Ich ist dieser Stoff, der dann durch das Ich selbst geschaffen werden wird. Zuerst ist es mehr punktuell, ein Punkt, ein Zentrum. Und dieser hat eine Möglichkeit bekommen, die anderen Glieder, ich kann nicht sagen, zu beherrschen, aber unter seine Meisterschaft zu bringen. Also, das Ich muss letztendlich Meister werden über die drei anderen Wesensglieder. Und in dem Maße, wie das Ich die Seele reinigt, so dass die Seele Sophia wird, wird Manas entwickelt; und insoweit das Ich den Ätherleib entwickelt, so dass das Vermögen entsteht, Gewohnheiten zu ändern – also dasjenige zu ändern, was schon ganz eingeschliffen worden ist –, entsteht Buddhi; und insoweit das Ich bis in die Physis, den Körper, hineinarbeiten kann, entsteht Atman.

Man kann dann eigentlich sagen, dass dasjenige, was das Ich tut, wenn es seinen eigenen Stoff aus sich hervorbringt, das Schaffen des zweiten Leibes ist. Das ist nicht der Ätherleib und das ist auch nicht der materiell-physische Leib, das ist der Anfang des *Auferstehungsleibes*. Dieser Leib sitzt *zwischen* Äther- und physischem Leib. Wenn wir Übungen machen, wo wir philosophische Inhalte von Form und Materie mit dem Ich in Zusammenhang bringen, müssen wir eigentlich zuerst Ehrfurchtsübungen machen. Denn das ist keine theoretische Philosophie, die man da übt, da ist man wirklich in der Nähe von Christus tätig.

Man kann es auch noch so sagen: Durch die Arbeit des Ich an der Seele, zum Beispiel durch die Entwicklung des reinen Denkens, wird die Seele ganz gereinigt, so dass sie aus sich heraus nichts Unreines mehr tut. Auch wenn das Ich nicht mehr herrscht, tut die Seele nichts Unreines mehr. Dann kann das Ich die Seele frei lassen, sie braucht das Ich nicht mehr, um die Reinheit zu behalten. Dann kann sich die Seele ohne Einwirkung des Meisters mit dem Ätherleib vereinigen, und dann tritt die Erleuchtung ein. Die Arbeit des Ich an der Seele gestaltet das Manas, und wenn die Erleuchtung eintritt, könnte man sagen, ist das Buddhi in Manas. Das Ich bleibt außerhalb, so wie es auch außerhalb ist, wenn wir gestorben sind.

So haben wir dann auf der Erde die vier Elemente als Selbstverständlichkeit in uns und um uns, und man kann sich gedanklich einleben in Feuer, in Wärme, so dass man eigentlich die Wärme spürt, aber dann gedanklich. Das kann man auch mit Luft, das kann man auch mit Wasser. Und unter Wasser versteht man dann alles Flüssige, wobei Wasser das reinste ist. Aber Merkur zum Beispiel ist auch flüssig und in diesem Sinn eigentlich auch Wasser. Die übrigen Metalle sind nicht flüssig, aber Merkur ist es noch; und man muss diese Metalle eigentlich alle empfindungsmäßig fühlen können und spüren, dass sie eher

Flüssigkeit sind als Festes. Stein ist fest, aber Metall ist eigentlich nicht eine irdische Festigkeit. So kann man dadurch, dass man die Dinge ausführlich zu erfassen versucht, allmählich in diese gedanklichen Erlebnisse der Elemente hineinkommen.

Teilnehmer: Metalle können auch alle schmelzen.

Das ist ein schönes Beispiel für dieses Eigentlich-flüssig-Sein, denn einen Stein bringt man nicht zum Schmelzen, ein Metall wohl.

Teilnehmerin: Es wird auch leicht warm, wenn man es in die Hände nimmt, es nimmt die Wärme sehr schnell an, bei einem Stein ist das wenig der Fall.

In der Vortragsreihe ‚Das Initiatenbewußtsein'[9] sagt Rudolf Steiner:

Wenn wir in der elementarischen Welt erleben lernen, gibt es nur noch die vier Elemente und nicht mehr das Periodensystem, das System der chemischen Elemente – ‚das interessiert einen so wenig wie den Millionär das Kleingeld'. Das ist ein schöner Vergleich, denn man kann sich vorstellen, dass man da in so etwas Großartigem ist, dass diese Kleinigkeiten von Schwefel und Kalzium und Wasserstoff und Sauerstoff und diese Mischungen – darum geht es gar nicht. Es sind viel größere Mischungen, die da stattfinden, die wirklich mit der Schöpfung zu tun haben.
Aristoteles wusste noch, dass es noch ein fünftes Element gibt. Vier Essenzen sind die Elemente, und es gibt eine fünfte Essenz, eine *Quinta Essentia*. Da fasste man etwas zusammen, was wir dann wiederum dreigliedern können. Diese fünfte Essenz ist eigentlich die Zusammenfassung der *drei Ätherarten*: Licht, Klang und Leben.

Wir können noch einmal eine Denkübung machen, und in dieser Denkübung können wir dann diese drei Ätherarten wiederfinden, denn äußerlich können wir sie nicht sehen – das Licht sieht man

---

[9] GA 243.

natürlich noch, aber die eigentliche, ätherische Lichtqualität sieht man auch nicht. Klang hört man, aber das ist nicht gemeint, es ist die Sphärenharmonie, die Weltenmelodik, die tönend die Stofflichkeit formt. Und das Leben, ja, das haben wir, wir wissen natürlich, was es ist; wir können unterscheiden zwischen einem lebendigen Wesen und einem toten Wesen, einem Stein und einer Pflanze, das können wir unterscheiden – aber wir können schon nicht mehr unmittelbar unterscheiden, mit dem bloßen Blick und dem Gefühl, ohne weitere Untersuchungen, ob ein Mensch noch lebt oder gestorben ist. Wenn es lange gedauert hat, ist es natürlich deutlich, aber im Moment einer ernsten Krankheit, wo dieser Übergang stattfindet, ist das Unterscheiden zwischen ‚lebt er noch, oder ist er schon gestorben' nicht ohne Weiteres sichtbar, da will man doch zusätzliche Untersuchungen machen.

Also, wir formen wiederum den Begriff des Kreises, und jetzt geht es darum, dass wir nicht so sehr die Aufmerksamkeit darauf lenken, dass wir den Begriff haben, sondern wir lenken die Aufmerksamkeit darauf, dass wir den Begriff *formen*, anhand der verschiedenen Teile des Gesetzes. Wir formen jetzt wirklich ganz sorgfältig den Begriff, indem wir den Umkreis und den Mittelpunkt und den Radius nicht vorstellen, sondern die verschiedenen Elemente so miteinander in Verbindung bringen, dass wir das Kreisgesetz haben. Der Umkreis ist eine Versammlung aller Punkte in der Ebene, die einen gleichen Abstand zu *einem* Punkt in dieser Ebene haben. Diese verschiedenen Schritte – die, wenn man denkt, eine Selbstverständlichkeit sind –, die versuchen wir jetzt beim Tun anzuschauen. Anschauen, wie wir das tun, darum geht es. Das geht rasend schnell, aber wir können es auch verlangsamen und dann sehen, wie der Geist bei dem Bilden des Begriffs des Kreises vorgeht, anhand der verschiedenen Teile: Mittelpunkt, Entfernung, Menge von Punkten im Umkreis. Wenn es geht, ohne Vorstellung – es ist nicht ganz möglich.

(Es wird meditiert).

Nun können wir versuchen, zu bemerken, dass der Begriff des Kreises eigentlich schon im Ursprung da sein muss, um den Begriff formen zu können. Wir müssen es schon begriffen haben, um es dann wiederum hervorbringen zu können. Und man kann sagen: Schon als ich das erste Mal erfahren habe, was der Kreisbegriff ist, schon da kann man spüren, dass der Begriff schon da war, sonst könnte ich den Satz nicht verstehen. Also, der *Begriff*, die Tatsache, dass ich das einsehe, ist das Ursprüngliche.

Dieses Ursprüngliche, das ist dasjenige, was in unser Denken als Lebensäther hineinspielt, also alles wirkliche *Begreifen ist Lebensäther*. Der Begriff ist nicht aussprechbar, er ist Einsicht. Und die Tätigkeit, die wir beim Bilden des Begriffs haben – dass wir diese verschiedenen Teile in einen logischen Zusammenhang bringen können, so dass es wirklich der Begriff ist –, das ist Formkraft, Bildekraft – das ist *Klangäther*. Wir müssen uns dabei vorstellen, dass im Makrokosmos eine Musik erklingt, die diese reine Logik hervorbringt. – Und dass wir für das alles, was wir jetzt getan haben, nicht blind und taub sind, das verdanken wir dem Licht, Bewusstseinslicht ist das, *Lichtäther*. Leben, Form und Bewusstsein.

(Es wird weiter meditiert).

Die Erkenntnis-Ohnmacht ist, dass man sich außerhalb der Dinge fühlt, und dann bleibt der Gegensatz zwischen Ich und Welt bestehen. Ich muss immer darüber nachdenken, wie ich mich damit vereinigen kann. Und wenn ich in mir selbst diese Elemente und Ätherarten erkennen kann, kann ich sie auch in der Welt wiedererkennen. Aber dann sind sie auch wirklich, diese Ätherarten, dann brauche ich sie nicht hineinzudenken oder darüber nachzudenken, wie das eigentlich zusammenspielt.

Und das hängt auch mit dem Gewahrwerden der Zeitwesenheit zusammen, wenn wir die letzten Zeilen des Spruches ‚O Mensch, erkenne dich selbst' bedenken: *‚Dich fremd erfühlend in Raumesseelenleere.'* Das ist doch eigentlich unser Drama: dass wir uns wie fremde Wesen fühlen. Ja, ich weiß selbstverständlich, dass auch andere Wesen fühlen, aber das ist *Wissen*. Ich fühle den Raum als seelenleer, und ich bin ein Fremdling darin. Warum? *‚Weil du des Denkens Kraft verlierst* *in Zeitvernichtungsstrom.'* Dass wir die Zeit nicht erleben, hat damit zu tun, dass wir nicht in dem Element der Zeit – das ist der Ätherleib – darinnen sind. Wir sind im Raum, und der Raum ist seelenleer. Und wenn wir die Kraft des Denkens erwecken, dann ist auch die Zeit wieder da, als eine reale Wesenheit, die sich im Verlauf des Jahres wandelt. Diese geht nicht nur von der Vergangenheit in die Zukunft hinein, sondern es kommt mir auch immer ein realer Zeitstrom aus der Zukunft entgegen. Es ist nicht Nichts da, es ist nicht so, dass nur in der Vergangenheit etwas ist, was mich zu diesem Punkt getrieben hat, und dass in der Zukunft nichts ist. Da ist auch Zeit, und die kommt mir entgegen.

Heute Mittag werde ich dann noch versuchen, darauf einzugehen, wie wir Sophia und Persephone im christlichen Sinn auffassen müssen. Wo finden wir diese Wesenheiten? Wo in den Hierarchien finden wir dieses Wesen, diese beide Wesen?

FÜNFZEHNTE STUNDE

Weil wir nun fortwährend das Innere verstärkt haben und bemerkt haben, dass, sobald man wieder in die Außenwelt hineingeht, diese innerliche Kraft gelähmt wird, müssen wir doch auch noch einmal den Spruch vom Menschenwesen (‚In dir lebt das Menschenwesen') wie einen Meditationsspruch machen und den jeweiligen Teil in die Laute einbetten.

In der Meditation macht man dann keine eurythmischen Bewegungen, man macht es auch nicht innerlich nach, als ob man Eurythmie machen würde, sondern man ‚spricht' und spricht gerade so nicht. Das haben wir schon früher einmal geübt: dass man eigentlich A sagen möchte, sich auch ganz dazu bereit macht, A zu sagen, aber man macht es nicht, man spricht nicht, nicht einmal innerlich. Diese Zurückhaltung, die gibt eine Sphäre, eine Stimmung von A. Und in diese Stimmung – die natürlich dieselbe ist, die wir dann in der Eurythmie als Gebärde machen, aber jetzt machen wir sie nicht mit dem Leib, sondern nur mit dem Kehlkopf –, in diese Stimmung muss dann der betreffende Teil eingebettet werden. Ich werde dann den jeweiligen Satz sagen, und wir haben die Sätze jetzt so oft gehört, dass sie nicht mehr ganz fremd sind. Und zwischen den Sätzen und Konsonanten, also zwischen B und G, G und D, D und H, H und V, sollten dann die Vokale als Übergänge, könnte man sagen, geformt werden. Da schweigt man also weiter und hat dann nur den Vokal.

Wir werden jetzt also den Spruch noch einmal innerlich machen, so dass wir die Laute nicht mit dem ganzen Leib tun, wie in der Eurythmie, sondern nur mit dem Kehlkopf und dem, was weiterhin noch mitmacht, tun. Darauf müssen wir dann gut achten: was das eigentlich ist, was wir dann tun. Also mit aller Kraft wollen wir den Laut sprechen, aber wir sprechen ihn nicht. Und in diese Stimmung wird dann der Satz gelegt. Und die Vokale E, I, O, U sind dann Stimmungen, in denen geschwiegen wird, Übergänge zwischen den Teilen. Selbstverständlich ist das, was wir innerlich tun, gleichartig zu dem, was wir äußerlich getan haben. Aber wir dürfen nicht daran denken, nicht diese eurythmischen Gebärden innerlich nachmachen; wir müssen sprechen, aber nicht sprechen: den Laut beinahe sprechen, aber gerade so nicht.

Wir formen dann mit den Sprachorganen erstens ein A – und versuchen dann zu spüren, was die Sprachorgane tun.

In dir lebt das Menschenwesen, das Gott von Angesicht zu Angesicht schaut, das ewig ist und das im Kreis der sieben großen Geister ist.
Dabei verweilen wir in A.

(Es wird jetzt und im Folgenden jeweils meditiert).

Und dann sagen wir B – und achten darauf, was die Sprachorgane tun.

Es ist über allem, was in dir zornig oder furchtsam ist.
Wir verweilen bei diesem Satz im B.

Dann sagen wir E und verweilen schweigend beim E.

Dann sagen wir G und sind aufmerksam auf die Bewegung der Sprachorgane.

Es herrscht mit den Kräften der oberen Welt, und ihm dienen die Kräfte der unteren Welt.
Wir verweilen bei diesem Satz im G.

Dann sagen wir I und verweilen schweigend im I.

Dann sagen wir D.

Es verfügt über sein eigenes Leben und seine eigene Gesundheit und kann das auch bei andern.
Wir verweilen bei diesem Satz im D.

Dann sagen wir O und verweilen schweigend beim O.

Dann sagen wir H. Wir sind aufmerksam auf die Bewegung der Sprachorgane und die Luft. Und darin erklingt dann:

Es kann durch nichts überrascht, von keinem Missgeschick befallen werden, es kann nicht in Verwirrung gebracht und nicht überwunden werden.
Bei diesem Satz verweilen wir im H.

Dann sagen wir U und verweilen schweigend darin.

Dann sagen wir V. Aufmerksamkeit auf die Bewegung der Sprachorgane.

Es kennt die Wesenheit des Vergangenen, Gegenwärtigen und Zukünftigen.
Bei diesem Satz verweilen wir im V.

Und dann sagen wir Z.

Es hat das Geheimnis der Erweckung vom Tode und der Unsterblichkeit im Besitz.
Wir verweilen bei diesem Satz im Z.

Dann können wir den innerlichen Blick erweitern, so dass wir nicht nur den Augenblick anschauen, sondern auch, was wir vorher gemacht haben – also dass wir den ganzen Spruch mit Lauten in uns wirksam spüren, denn das Vergangene ist nicht weg.

Gut. So können wir dann allmählich auch innerlich in Berührung mit dem Menschenwesen kommen.

*

Ich möchte nun noch einiges darüber erzählen, was Rudolf Steiner über Eva-Maria-Sophia sagt, und dann zwei Beispiele aus der Literatur dazunehmen.

In der Beschreibung der Tempellegende beschreibt Rudolf Steiner, dass in dieser Legende erzählt wird, wie – und wir haben das heute Morgen erlebt, wir haben die elementenartigen Stufen durchlebt – die Erde zuerst ein Wärmeplanet gewesen ist, wo die Anlage des physischen Leibes geschaffen worden ist, und dass dann in der zweiten Phase nicht nur Wärme da war, auch Licht und Luft, und dass da der Ätherleib hinzugekommen ist. Dass dann in der dritten Phase, auch Alter Mond genannt, nach oben hin der Klangäther entstand und nach unten hin Wasser, Flüssigkeit, aber noch nicht Festigkeit und auch noch nicht Lebensäther. Da kam die seelische Wesenheit hinzu, also das Vermögen, Gefühle von Lust und Unlust, Sympathie, Antipathie, Begierde, Neigung und so weiter zu haben.

In der Tempellegende wird dann erzählt, dass das entwickelte Menschenwesen – das eigentlich noch kein Mensch ist, das aber diese drei Stufen durchlebt hat –, dass das *Eva* ist, der umfassende, seelisch begabte Mensch vor der Menschwerdung. Also nicht eine so einfache Vorstellung wie im Alten Testament, aber man könnte sagen, das seelische Wesen, das sich bis dahin entwickelt hat, das ist Eva.

Dann treten die Elohim auf und beginnen mit der Schöpfung der Erde. Und dadurch, dass die Elohim sich mit diesem Wesen verbinden, das bis dahin entstanden ist, mit Eva also, entsteht eine irdische Gestalt, und diese wird in der Tempellegende Kain genannt. Also Eva zusammen mit den Elohim, daraus geht Kain als Erdenmensch hervor. Aber einer der sieben Elohim, Jahve, schafft den Adam. Er tut das ohne Eva, er schafft also auch einen irdischen Menschen, und dieser wird Adam genannt. Und so kommen dann diese zwei gegensätzlichen menschlichen Strömungen in die Welt – die eine Strömung, die von Adam herrührt, und die andere Strömung, die von Kain herrührt. Der Paradies-Adam, der von Jahve geschaffen wurde, bekommt dann mit Eva den Abel als Sohn. Erst das ist eine wirkliche geschlechtliche Zeugung.

Es ist im Alten Testament natürlich bekannt, dass das ein großer Gegensatz ist, Kain und Abel. Abel wird die priesterliche Linie in der Menschheit, und Kain wird die praktische, die ‚fachmännische' Linie in der Menschheit.

Das führt in der Zeit von Salomo wiederum zu einem Streit. Salomo ist zu sehen als hervorgegangen aus der Abel-Linie, und Hiram, aus der Kain-Linie, ist der Baumeister, der den Tempel bauen muss, der den salomonischen Tempel baut. Salomo hat die *Idee* eines Tempels, aber er kann ihn nicht bauen, er hat die priesterliche Anlage. Er braucht Hiram-Kain als Baumeister, der das ausführen kann.

Nun kommt die Königin aus Saba/Sheba und verspricht sich zuerst dem König Salomo. Aber dann will sie gerne den Baumeister bei der Arbeit sehen, und als sie ihn sieht, ist sie so beeindruckt von seinem fachmännischen Können, dass sie sich in ihn verliebt. Da entsteht das große Problem, es geht dann auch nicht gut. Salomo verdirbt nicht regelrecht, aber verhindert auch nicht, dass das Werk von Hiram verdorben wird. Und die letzte großartige Tat, das Ende des Werkes, das Hiram dann vollführen soll, während das ganze Volk dabei ist, auch die Königin von Saba, gelingt nicht, weil einige eifersüchtige Gesellen, die von Hiram abgewiesen wurden und den Meistergrad nicht bekamen, etwas tun, wodurch es nicht gelingt.

Teilnehmer: Es ist ein Guss, der gemacht werden muss, ein eherner Guss, eine bestimmte Mischung von Metallen. Die Gesellen mischen etwas hinein, wodurch es nicht gelingt.

Nun müssen wir uns vorstellen, dass Hiram sich in der Zeit von Christus wiederum inkarniert, dass er wiederum erscheint, als Lazarus. Und Johannes der Täufer ist eine Individualität, von der Rudolf Steiner sagt, dass er eine Reinkarnation von Adam ist.[10] Da sind das Abelgeschlecht und das Kainsgeschlecht wieder zusammen, man könnte sagen, um durch Christus vereinigt zu werden. Und von Rudolf Steiner wissen wir dann, dass Lazarus, als er auferweckt wird, in gewissem Sinne die Wesenheit von Johannes dem Täufer in sich aufnimmt, als Bewusstseinsseele, und dass er durch Christus eingeweiht wird. So wird er der Evangelist Johannes.

Und nun müssen wir uns vorstellen, dass Eva Maria ist. Diese beiden, Johannes der Evangelist und Maria, stehen dann unter dem Kreuz.

---

[10] Vorträge über das Lukas-Evangelium, GA 114.

In den Vorträgen über das Johannesevangelium sagt Rudolf Steiner, dass Maria, die Mutter von Jesus – das ist natürlich auch nicht eine unkomplizierte Wesenheit, aber das lasse ich jetzt außerhalb –, eine Schwester hatte; sie wird auch im Johannesevangelium genannt, und es wird gesagt, dass diese Schwester Maria heißt. Also, Maria hat eine Schwester, die Maria heißt. Rudolf Steiner sagt dann, da braucht man nicht hellsichtig zu sein, da könnte man eigentlich schon mit dem gewöhnlichen Denken eine Frage haben, dass zwei Schwestern denselben Namen tragen. Und er sagt, dass die Mutter Jesu eigentlich Sophia heißt. Sie ist die Weisheit, die sich auf dem Alten Mond gebildet hat – und diese Weisheit, die sich auf dem Alten Mond gebildet hat, sie ist auf der Erde äußere Natur geworden. Sophia und Natura. Sophia-Eva, die heilige seelische Weisheit, und Natura, die auf Erden erscheinende Weisheit, die Tochter von Demeter, die das Kleid der Erde webt.

In der Zeit der Schule von Chartres, wo noch gewusst wurde, dass Natura ein Wesen ist, das uns die Geheimnisse der Natur lehren kann, konnte man ihr schon nicht mehr wirklich begegnen; das bedeutete einen tiefen Schmerz, aber man verehrte diese Göttin Natura.

Brunetto Latini, der vor seiner Vaterstadt Florenz einen Sonnenstich bekam und eine Begegnung mit dieser Göttin Natura hatte, wird dann der Lehrer von Dante. Und wir können in der Göttlichen Komödie von Dante viel wiederfinden, es steckt auch allerlei politische Merkwürdigkeit darin – alles, was in dieser Zeit spielte, auch die regierenden Figuren, die dann gestorben sind und dann meistens in der Hölle sitzen, finden wir darin –, aber durch dies hindurch finden wir auch diese Lehre von der Göttin Natura, und wir finden dann auch eine seelische Lehre.

Zuerst haben wir das Inferno, die Hölle, die wir mit Dante durchschreiten, aber dann gehen wir – er ist ein Besucher, er ist nicht gestorben, sondern er darf in diese Welt schauen – auf den Läuterungsberg, und da treffen wir die sieben Hauptsünden und sehr lebendige Bilder von Buße. Wir finden beschrieben, was die sich läuternden Seelen zu erleiden haben, um sich von den Sünden zu befreien. Es ist Kamaloka, könnte man sagen. Und dann, wenn die Läuterung stattgefunden hat, wenn das gelingt, gelingen darf, treten die Seelen – und Dante darf dies schauen, bekommt auch eine Belehrung darüber – in das Paradies ein.

Und da, ja, da findet man dann etwas, was man malen möchte, was man eigentlich gar nicht in Worte fassen möchte, sondern malen möchte. Ganz hoch oben, man könnte auch sagen im Mittelpunkt, befindet sich etwas, und darum herum sind alle Hierarchien gruppiert, alle Engel, Erzengel, Archai, Exusiai, Dynamis, Kyriotetes, Throne, Cherubim und Seraphim. Die höheren Hierarchien sind am meisten in der Nähe von dieser wunderbaren himmlischen Rose, die da im Mittelpunkt blüht.

Dante darf sich dann wirklich diesem Zentrum nähern. Im Mittelpunkt ist die Trinität, aber vor dieser Trinität sitzt auf einem Thron eine Frau – und das ist Maria-Sophia.

Man kann also nicht fragen: Zu welcher Hierarchie gehört sie? Denn sie ist ja eigentlich jenseits der Hierarchien, über sie hinausgehend, unmittelbar in der Nähe der Trinität. Es ist natürlich ein Bild, das in einer Zeit beschrieben wurde, als der Katholizismus noch keine Reform gehabt hatte. Aber es ist, man kann das unmittelbar erleben, eine wahrhaftige Schilderung. Und hier sind die letzten Worte der Göttlichen Komödie:

> In den tiefen und klaren Wesen des erhabenen Lichtes erschienen mir drei Kreise, die in der Farbe verschieden und gleich im Umkreis waren. Der erste schien sich in dem zweiten zu reflektieren, wie es auch bei zwei Regenbögen geschieht, und der dritte glich einem Feuer, welches durch die anderen beiden gleichermaßen ausgeatmet wurde. O ewiges Licht, nur in dir selbst ruhend, nur dich selbst kennend und so erkannt und erkennend dich selbst, dich selbst liebend und dir zulächelnd, als ich den Kreis, der wie ein Widerschein von Licht entstand, eine Zeitlang studiert und angeschaut hatte, schien er mir in sich und in seiner eigenen Farbe das Bild von uns Menschen zu tragen. Und so geschah es, dass mein Blick ganz davon aufgenommen wurde. Wie ein Geometer, der sich bis zum Äußersten anstrengt, um zu einer Methode zu kommen, mit der er den Kreis messen kann, aber trotz allen Nachdenkens das gesuchte Prinzip nicht finden kann, so erging es mir, als ich mich Auge in Auge mit jenem wunderbaren Schauspiel

befand. Ich wollte sehen, wie das Bild in den Kreis passte und Platz fand, aber meine Flügel waren zu einem so hohen Flug nicht imstande. Doch auf einmal wurde mein Geist von einem Blitz aus Licht getroffen, der meine Sehnsucht ganz erfüllte. In diesem Augenblick wurde meine Vorstellungskraft, die so hoch aufgestiegen war, mit Lähmung geschlagen. Indessen jedoch wurde mein Drang nach Einsicht und mein freier Wille wie ein in gleichmäßiger Geschwindigkeit sich drehendes Rad bereits vorwärtsgetrieben, von der Liebe, die die Triebkraft der Sonne und der anderen Sterne ist.

Man muss dabei ein bisschen Erlebniskraft einsetzen, wenn man sich vorstellt, dass Dante bis in die Nähe dieser himmlischen Rose geführt wird und dann eigentlich nicht stark genug ist, das auch wirklich zu schauen, was da zu schauen ist. Er hat kurz einen Einblick, und dann erlahmt die Kraft. Und muss man bedenken, dass Maria-Sophia da vorgestellt wird, auf einem Thron, und *sie schaut dies immer an.* Der Mensch kann es nur einen Bruchteil einer Sekunde, und sie ist immer in der Anschauung.

Und wenn wir uns dies dann in gewissem Sinne umgestülpt denken, auf die Erde, dass sie Natur geworden ist – dann haben wir eine Ahnung von Natura.

SECHZEHNTE STUNDE

Es wurde gebeten, die Linie, den Hergang, noch einmal zu erzählen, das werde ich also tun.

In der dritten Verkörperung, planetarischen Verkörperung, die auch Alter Mond genannt wird, wo die Seele des Menschen angelegt ist, da finden wir die umfassende Weisheit; alles, was diese Seele ist. Wir selbst haben eine verkümmerte Weisheit, und für uns ist es die Aufgabe, diese Weisheit wiederzufinden und dann mit dem Ich zu verbinden, damit sie, man könnte sagen, Eigentum der Individualität wird.

Das also, was an Entwicklung durch drei planetarische Zustände hindurch geschaffen war, das, dieses Wesen, wird Eva genannt. Dann kommt die Schöpfung der Erde, und da haben die Elohim die schaffende Tätigkeit. Diese Elohim sind Wesen aus der zweiten Hierarchie (Exusiai). Sie verbinden sich mit Eva, und aus dieser Verbindung entsteht Kain, der tätige Mensch, der praktische Mensch – natürlich nicht unmittelbar. Man kann in der griechischen Mythologie eine Ähnlichkeit in Prometheus finden; das ist der Tätige, es ist Kain.

Einer der Elohim, Jahve, schafft, ohne eine andere Wesenheit dabei mit einzubeziehen, Adam. Und da fängt dann die biblische Schöpfungsgeschichte an. Das haben wir im Pfingstseminar hier ausführlich versucht, zu verfolgen, wie die Elohim den Menschen schaffen und wie das dann eigentlich der sichtbare Makrokosmos, der mit der Erde zu tun hat, *ist*.

Jahve schafft Adam, und Adam verbindet sich mit Eva, und aus dieser Verbindung wird Abel geboren. Das ist die priesterliche Linie. Abel versorgt die Tiere, Kain sorgt für das Getreide, er weiß, wie das gemacht wird. Und Abel opfert die Tiere als Brandopfer, und das ist dem Gott gefällig, das nimmt er an, Kain opfert das Getreide als Brandopfer, das nimmt Gott nicht an. Das ist das Bild für diese Gegensätzlichkeit. Was Abel tut, das Opfern der Tiere, wird von Gott angenommen, und dasjenige, was Kain durch eigene Arbeit erzeugt hat, wird abgewiesen. Dadurch kommt die Eifersucht auf, und Kain erschlägt Abel.

Diesen Gegensatz finden wir dann in der Zeit wieder, in der Salomo König war und in der priesterlichen Linie geboren war. Er wollte den Tempel bauen, er hatte die Idee, aber er konnte sie nicht ausführen. Da zeigt sich diese Gegensätzlichkeit erneut, indem Salomo, der alle Reichtümer und Weisheiten besaß, nicht etwas äußerlich schaffen konnte. Dafür brauchte er einen Baumeister, und das war Hiram. Hiram ist ein Kainssohn, er kommt aus dem Geschlecht Kain, man kann auch sagen, er ist ein neuer Kain, ein reinkarnierter Kain. Dazwischen steht eine weibliche Gestalt, die Königin von Saba, von Sheba. Sie kommt zu Salomo und ist natürlich sehr beeindruckt durch die gewaltigen Reichtümer und auch durch seine Weisheit, und die beiden verloben sich. Sie hört dann davon, dass der Tempel gebaut wird und dass es einen Baumeister gibt, der viel fachmännisches Können hat, und sie möchte ihm begegnen. Das geschieht, und die Königin verliebt sich in Hiram, weil er so viel vermag, weil er so begabt ist und so viel kann, nicht nur Wissen hat, sondern auch Können.

Teilnehmer: Hiram konnte auch innerhalb von einigen Minuten alle Arbeiter zusammenrufen, mit einem Zeichen, das Tau-Zeichen.

Hiram nun hatte drei Gesellen nicht eine höhere Würde geben können, weil sie nicht genügend Fachmännischkeit besassen. Sie sind so böse auf ihn, dass sie darauf sinnen, das letzte Kunststück, das Gießen des ehernen Meeres, zu verderben. Das ist auch ein wunderbares Bild, das auch sehr gut in unsere Arbeit gepasst hätte, als Meditation: Ein Meer, das in Metallen gegossen wird. Also, es muss noch eine letzte Handlung vollführt werden, und da treten diese Gesellen auf und verderben das. Es gibt verschiedene Versionen dieser Erzählung. Hier steht, dass Salomo dies impulsiert hat, dass er derjenige war, der den Gesellen den Auftrag gegeben hat; andere Erzählungen sagen, er wusste nur, dass sie diese Absicht hatten, und hat es nicht verhindert. Also, das Werk misslingt, und das hat schlimme Folgen.

Hiram kam dann in der Zeit von Christus wieder auf die Erde, als die Individualität in Lazarus, der durch Christus aus dem Tod auferweckt wird. Dadurch, dass er aus dem Tod auferweckt wird, empfängt er eine Einweihung durch Christus selbst und wird Johannes, der Jünger, den der Herr liebhatte. Als dann schließlich Christus am Kreuz ist, steht Johannes mit der Mutter von Jesus unter dem Kreuz. Maria und Johannes stehen unter dem Kreuz. Und nun kann man bei Rudolf Steiner finden, dass, als Christus vom Kreuz herab zu Johannes spricht: ‚Siehe, sie ist deine Mutter' und zu Maria: ‚Siehe, er ist dein Sohn', dass das eine okkulte Bedeutung hat, nämlich, dass zu Johannes eigentlich gesagt wird: ‚Nimm die Weisheit in dich auf und schreibe das Johannesevangelium.' Maria, die eigentlich Sophia ist, die ursprüngliche Eva, die also die Weisheit ist, soll von Johannes so aufgenommen werden, dass er aus der Weisheit heraus das Johannes-Evangelium schreiben kann. Das ist eine Vereinigung mit der umfassenden Weisheit, die Sophia ist. Das ist ein tief ergreifendes Bild. Die beiden gehen dann auch nach Ephesus, und da schreibt Johannes tatsächlich das Johannesevangelium und später auf Patmos die Apokalypse.

Ich möchte gerne noch ein Geistliches Lied von Novalis vorlesen, über Maria. Das ist etwas Wunderbares – er war nicht katholisch, und er hat sich darüber beklagt, dass er nicht katholisch war, weil er das Katholische viel erfüllender fand und weil die Gestalt der Maria für ihn so bedeutsam war. Er hat zwei Geistliche Lieder für Maria geschrieben, aus denen deutlich wird, dass er eigentlich sagt: Wenn man Kind ist, ist sie die Mutter und gibt ihre umfassende Weisheit lieblich hin, aber wenn der Mensch älter wird, dann wird er so verdorben, dass sie sich gleichsam zurückzieht und man sie nicht mehr sieht. ‚Darf nur ein Kind dein Antlitz schauen?'

Wer einmal, Mutter, dich erblickt,
Wird vom Verderben nie bestrickt,
Trennung von dir muß ihn betrüben,
Ewig wird er dich brünstig lieben
Und deiner Huld Erinnerung
Bleibt fortan seines Geistes höchster Schwung.

Ich mein' es herzlich gut mit dir.
Was mir gebricht, siehst du in mir.
Laß, süße Mutter, dich erweichen,
Einmal gieb mir ein frohes Zeichen.
Mein ganzes Daseyn ruht in dir,
Nur einen Augenblick sey du bei mir.

Oft, wenn ich träumte, sah ich dich
So schön, so herzensinniglich,
Der kleine Gott auf deinen Armen
Wollt' des Gespielen sich erbarmen;
Du aber hobst den hehren Blick
Und gingst in tiefe Wolkenpracht zurück:

Was hab' ich, Armer, dir gethan?
Noch bet' ich dich voll Sehnsucht an,
Sind deine heiligen Kapellen
Nicht meines Lebens Ruhestellen?
Gebenedeite Königinn
Nimm dieses Herz mit diesem Leben hin.

Du weißt, geliebte Königinn,
Wie ich so ganz dein eigen bin.
Hab' ich nicht schon seit langen Jahren
Im Stillen deine Huld erfahren?
Als ich kaum meiner noch bewußt,
Sog ich schon Milch aus deiner selgen Brust.

Unzähligmal standst du bei mir,
Mit Kindeslust sah ich nach dir,
Dein Kindlein gab mir seine Hände,
Daß es dereinst mich wieder fände;
Du lächeltest voll Zärtlichkeit
Und küßtest mich, o himmelsüße Zeit!

Fern steht nun diese selge Welt,

Gram hat sich längst zu mir gesellt,
Betrübt bin ich umher gegangen,
Hab' ich mich denn so schwer vergangen?
Kindlich berühr' ich deinen Saum,
Erwecke mich aus diesem schweren Traum.

Darf nur ein Kind dein Antlitz schaun,
Und deinem Beistand fest vertraun,
So löse doch des Alters Binde
Und mache mich zu deinem Kinde:
Die Kindeslieb' und Kindestreu
Wohnt mir von jener goldnen Zeit noch bei.

Und das haben wir dann versucht, hier: das Antlitz von Natura zu schauen.

Man muss sich vorstellen, wie sie, die auf dem Alten Mond die Weisheit der Seele war, Sophia, Eva, gleichsam auf die Erde umgestülpt ist, und dass diese Weisheit in der Natur wiedergefunden werden kann. Also, was wir als Natur – die nicht Illusion ist – um uns herum haben, das ist eine Göttin, das ist Natura, aber das ist die Weisheit von Sophia, die natürlich geworden ist.

Dann habe ich erzählt – und auch ein Stückchen aus Dante zitiert –, wie Maria eigentlich in gewissem Sinn über den Hierarchien steht, weil sie wirklich das Menschenwesen zu sein scheint, das Gott von Angesicht zu Angesicht schaut. Sie ist aber vor-irdisch, und das Menschenwesen muss irdisch werden.

Und wenn wir dann wiederum an Chartres denken, wo diese Kathedrale steht, die ‚Unsere liebe Frau von Chartres' genannt wird, dann finden wir da zwei Seiten. Wir finden da wiederum Maria als Hauptthema der Kathedrale; und wenn wir dann wissen, dass die Schule von Chartres so viel Sehnsucht nach der Göttin Natura hatte, sehen wir wiederum einen Zusammenhang. Aber andererseits ist die Kathedrale ein Versuch, das Neue Jerusalem abzubilden. Johannes hat die Apokalypse geschrieben, derselbe Johannes also, der Kain, Hiram, Lazarus gewesen ist und der dann später Christian Rosenkreuz wird und der Graf von St. Germain. In der Apokalypse bekommen wir am Ende, nachdem alle Kriege und Plagen und Urteile über die Erde gekommen sind und sich ausgewirkt haben, eine Vorschau auf das Neue Jerusalem, das ist das Ende des Neuen Testaments. Hier finden wir Maria wieder, obwohl sie so nicht mit Namen genannt wird.

Offenbarung des Johannes, 21,1 - 22,21

Und ich sah einen neuen Himmel und eine neue Erde, denn der erste Himmel und die erste Erde sind verschwunden und das Meer ist nicht mehr. Und ich sah die heilige Stadt, das neue Jerusalem von Gott her aus dem Himmel herabkommen, gerüstet wie eine Braut, die für ihren Mann geschmückt ist. Und ich hörte eine laute Stimme vom Throne her sagen: Siehe da, die Hütte Gottes bei den Menschen; und er wird bei ihnen wohnen und sie werden sein Volk sein, und Gott selbst wird bei ihnen sein. Und er wird alle Tränen abwaschen von ihren Augen, und der Tod wird nicht mehr sein, und kein Leid noch Geschrei noch Schmerz wird mehr sein, denn das Erste ist vergangen.

Das muss bei uns doch etwas aufrufen: ‚das Erste ist vergangen'. Es ist ein Zweites erstanden.

‚Und der auf dem Thron saß, sprach: Siehe, ich mache alles neu. Und er sagte zu mir: Schreibe; denn diese Worte sind zuverlässig und wahr. Und er sprach zu mir: Es ist geschehen. Ich bin das A und das O, der Anfang und das Ende. Ich will dem Dürstenden aus dem Quell des Wassers des Lebens geben umsonst. Wer überwindet, wird dieses ererben, und ich werde sein Gott sein, und er wird mein Sohn sein. Den Feiglingen aber und den Ungläubigen und Befleckten und Mördern und Unzüchtigen und Zauberern und Götzendienern und allen Lügnern ist ihr Teil im See, der von Feuer und Schwefel brennt, und dies ist der zweite Tod. Und es kam einer von den sieben Engeln, die die sieben Schalen voll der sieben letzten Plagen gehabt hatten, und redete mit mir und sprach: Komm, ich will dir die Braut, das Weib des Lammes, zeigen! Und er entrückte mich im Geist auf einen großen und hohen Berg und zeigte mir die heilige Stadt Jerusalem, wie sie von Gott her aus dem Himmel herabkam im Besitz der Herrlichkeit Gottes. Ihre Leuchte ist gleich dem kostbarsten Edelstein, wie ein kristallheller Jaspis. Sie hat eine große und hohe Mauer, sie hat zwölf Tore und auf den Toren zwölf Engel, und Namen sind angeschrieben, die die Namen der zwölf Stämme der Söhne Israels sind; im Osten drei Tore und im Norden drei Tore und im Süden drei Tore und im Westen drei Tore. Und die Mauer der Stadt hat zwölf Grundsteine und auf ihnen die zwölf Namen der zwölf Apostel des Lammes. Und der mit mir redete, hatte als Messstab ein goldenes Rohr, um die Stadt und ihre Tore und ihre Mauer zu messen. Und die Stadt bildet ein Viereck, und ihre Länge ist so groß wie ihre Breite. Und er maß die Stadt mit dem Rohr und bestimmte ihr Maß auf zwölftausend Stadien; ihre Länge, Breite und Höhe sind gleich. Und er maß ihre Mauer: 144 Ellen nach Menschenmaß, das auch Engelmaß ist. Und ihre Mauer ist aus Jaspis gebaut, und die Stadt ist reines Gold gleich reinem Glas. Die Grundsteine der Mauer der Stadt sind aus Edelsteinen jeder Art köstlich bereitet; der erste Grundstein ist ein Jaspis, der zweite ein Saphir, der dritte ein Chalcedon, der vierte ein Smaragd, der fünfte ein Sardonyx, der sechste ein Karneol, der siebente ein Chrysolith, der achte ein Beryll, der neunte ein Topas, der zehnte ein Chrysopras, der elfte ein Hyazinth, der zwölfte ein Amethyst. Und die zwölf Tore waren zwölf Perlen; je eins der Tore bestand aus einer einzigen Perle. Und die Straße der Stadt war reines Gold, wie durchsichtiges Glas. Und einen Tempel sah ich nicht in ihr; denn der Herr, der allmächtige Gott, ist ihr Tempel, und das Lamm. Und die Stadt bedarf nicht der Sonne und des Mondes, dass sie ihr scheinen; denn der Lichtglanz Gottes erleuchtete sie, und ihre Leuchte ist das Lamm. Und die Völker werden in ihrem Lichte wandeln, und die Könige der Erde bringen ihre Herrlichkeit in sie. Und ihre Tore werden nicht geschlossen werden am Tage – denn dort wird es keine Nacht mehr geben – und man wird die Herrlichkeit und die Pracht der Völker in sie bringen. Und nicht wird irgendetwas Unreines in sie eingehen, noch wer Greuel und Lüge übt, sondern nur die, welche im Lebensbuch des Lammes geschrieben stehen.

Und er zeigte mir einen Strom des Wassers des Lebens, klar wie Kristall, der vom Throne Gottes und des Lammes ausging. Inmitten ihrer Strasse und auf beiden Seiten des Stromes standen Bäume des Lebens, die zwölf Früchte tragen, indem sie jeden Monat ihre Frucht bringen; und die Blätter des Baumes dienen zur Heilung der Völker. Und nichts dem Fluche Verfallenes wird es mehr geben. Und der Thron Gottes und des Lammes wird in ihr sein, und seine Knechte werden ihm dienen, und sie werden sein Angesicht schauen, und sein Name wird auf ihren Stirnen sein. Und es wird keine Nacht mehr geben, und sie bedürfen nicht des Lichtes einer Lampe noch des Lichtes der Sonne; denn Gott der Herr wird über ihnen leuchten, und sie werden herrschen in alle Ewigkeit. Und er sprach zu mir: Diese Worte sind zuverlässig und wahr, und der Herr, der Gott der Geister der Propheten, hat seinen Engel gesandt, seinen Knechten zu zeigen, was in Bälde geschehen soll. Und siehe, ich komme bald. Selig ist, wer die Worte der Weissagung dieses Buches festhält. Und ich, Johannes bin es, der dies hörte und sah; und als ich es gehört und gesehen hatte, warf ich mich nieder, um anzubeten vor den Füßen des Engels, der mir diese zeigte. Und er sagte zu mir: Siehe zu, tu es nicht! Ich bin dein und deiner Brüder, der Propheten, Mitknecht und derer, die die Worte dieses Buches festhalten. Gott bete an! Und er sagte zu mir: Versiegle die Worte der Weissagung dieses Buches nicht, denn die Zeit ist nahe. Wer Unrecht tut, der tue weiter Unrecht, und wer unrein ist, der verunreinige sich weiter, und der Gerechte übe weiter Gerechtigkeit, und der Heilige heilige sich weiter! Siehe, ich komme bald und mein Lohn mit mir, um jedem zu vergelten, wie sein Werk ist. Ich bin das Alpha und das Omega, der Erste und der Letzte, der Anfang und das Ende. Selig sind, die ihre Kleider waschen, damit sie Macht über die Bäume des Lebens erlangen und durch die Tore in die Stadt eingehen. Draußen sind die Hunde und die Zauberer und die Unzüchtigen und die Mörder und die Götzendiener und alle, die die Lüge lieben und üben. Ich, Jesus, habe meinen Engel gesandt, euch dies für die Gemeinden zu bezeugen. Ich bin der Wurzelspross und das Geschlecht Davids, der glänzende Morgenstern. Und der Geist und die Braut sagen: Komm! Und wer es hört, der sage: Komm! Und wer dürstet, der komme; wer will, der nehme Wasser des Lebens umsonst! Ich bezeuge jedem, der die Worte der Weissagung dieses Buches hört: Wenn jemand zu ihnen etwas hinzufügt, wird Gott ihm die Plagen zufügen, die in diesem Buche beschrieben sind. Und wenn jemand etwas hinwegnimmt von den Worten des Buches dieser Weissagung, wird Gott seinen Anteil an den Bäumen des Lebens und an der heiligen Stadt hinwegnehmen, die ich diesem Buche beschrieben sind. Es sagt der, welcher dies bezeugt: Ja, ich komme bald. Amen. Komm, Herr Jesus! Die Gnade des Herrn Jesus sei mit allen!'

*

Einer der Lehrer in Chartres, Alanus ab Insulis, hat eine Art von Gedicht geschrieben, das *Anticlaudian* heißt. Es hat als Untertitel ‚*Die Bücher von der himmlischen Erschaffung des neuen Menschen*'.

Es ist nicht leicht lesbar, es ist uns fremd, einen solchen Stil zu lesen, aber darin wird von der Göttin Natura erzählt. Zuerst wird erzählt, wo sie wohnt, wie sie wohnt – das ist schon sehr ausführlich: wie die verschiedenen Zimmer in ihrer Wohnung sind und was für Blumen und Pflanzen und Steine da sind, alles wird sehr detailliert beschrieben; das sind wir nicht mehr gewohnt. Aber dann kommt die Frage der Natura, ob der Mensch neu geschaffen werden darf. Und diese Frage muss an Gott gestellt werden. Es ist deutlich, dass sie das nicht tun kann, sie braucht eine Botin, eine Helferin, die sich auf den Weg machen kann und dann diese Frage dorthin bringen kann, wo sie beantwortet werden kann. Dann wird der Wagen beschrieben, alle möglichen Eigenschaften haben an diesem Wagen Anteil. Da muss man sehr stark imaginativ lesen können, und dann ist es noch immer schwierig.

Es ist eine Wesenheit dazu bereit, Gott diese Frage zu stellen, und das ist natürlich doch sehr interessant für uns, denn wer ist sie? Sie ist *Prudentia.* Und Prudentia ist der Verstand, aber sie ist auch die Vorsicht. Der Verstand ist vorsichtig. Und unter der Begleitung von anderen Wesenheiten beginnt sie dann die Reise zu Gott. Also das Erste, was wir brauchen, um mit der Frage nach der Erschaffung des zweiten Menschen zu Gott zu gelangen, ist der Verstand. Aber dieser kann nur eine gewisse Strecke gehen, und dann ist Prudentia eigentlich nicht mehr geeignet, weiterzugehen, dann muss sie abgelöst werden, dann muss eine andere Helferin kommen – und diese Helferin wird *Phronesis* genannt, das ist die moralische Intelligenz. Man könnte sagen, was wir in der ‚Philosophie der Freiheit' finden, die moralische Intuition, sie wird von dieser Wesenheit gegeben, sie ist die moralische Intelligenz. Der Verstand hat nicht genug Spannkraft, um weiterzusteigen; die Aufgabe wird übergeben an eine neue Helferin, Phronesis. Aber auch Phronesis hat nicht genügend Kraft, um wirklich bis zu Gott zu gelangen – und da kommt eine dritte Helferin. Das ist *Sophia.*

Es scheiden uns also eigentlich noch zwei Schritte von Sophia. Wir müssen unseren Verstand ausbilden, der mit Vorsicht zusammenhängt, und dann müssen wir unsere moralische Denktätigkeit entwickeln. Und wenn dies weit genug gelingt, dann werden wir Sophia. – Und Sophia kann dann wirklich bis in das Zentrum der göttlichen Welt hinein und kann dem Gott diese Frage stellen. Sie bekommt eine positive Antwort, und dann kommt die himmlische Erschaffung des Menschen zustande, wird dann auch minutiös beschrieben, auch, wie die Gegenmächte sich dagegen auflehnen und wie sie das tun, mit allerlei Tricks.

Ich möchte das dann wiederum in einen Vergleich mit unserer innerlichen Aufgabe, mit unserer innerlichen Tätigkeit bringen.

Zuerst bilden wir den Verstand aus, indem wir rein logisch denken lernen, in den wahrhaftigen Zusammenhängen im Denken. Wenn alle Begriffe in unserem Denkorganismus in Harmonie, im Einklang sind, dann nenne ich das Wahrheit. Und das ist, könnte man sagen, die Ausbildung des reinen Verstandes. Da ist das Denken noch immer Schein und abstrakt, aber rein. Und dann folgt diese zweite Stufe, Phronesis, wo die Fähigkeit erlangt wird, in dem Denken das Wesentliche zu erfassen. In Chartres nannte man das Erste die Ausbildung des *Sensus litteralis* und das Zweite die Ausbildung des *Sensus moralis*, das ist die Phronesis: moralische Intelligenz, die es vermag, Essenzen zu erfassen, und das auch in moralischem Sinne. Dann kommt die dritte Stufe, der *Sensus anagogicus,* dass wir eigentlich nur noch den lebendigen, reinen Begriff in seiner Wesenheit erfassen – und so finden wir Sophia. Aber da ist das Denken nicht mehr Schein, nicht mehr abstrakt, sondern rein und kraftvoll lebendig geworden.

Und da kann man zum Beispiel, wenn wir zurückgehen zu dem Spruch von Persephone, und wir denken zurück an die Mühe, die wir uns gemacht haben, mit dem Raum, mit der Zeit und mit den Elementen, durch alle diese Beschreibungen hindurch die *Essenz* erfassen. Und damit, mit dieser lebendig gewordenen Kraft, die Denkkraft ist und die der zweite Leib wird, können wir dann zurück in die Natur und können die Weltgedanken in uns aufnehmen.

Nun habe ich wiederum dasselbe gesagt, was ich schon viele Male gesagt habe, aber jetzt auf platonische Art.

Es gibt dann von Alanus ab Insulis auch die ‚Klage der Natura'. Da beklagt die Göttin Natura sich darüber, dass die Menschen sie nicht mehr kennen, sie nicht mehr gewahr werden. Das ist eine noch weiter geführte Trauer.

Das versuchen wir jedes Mal, wenn wir hier so zusammen sind, auf vielerlei Art – diesmal dadurch, dass wir versucht haben, die innerliche Kraft im Denken so zu stärken, dass wir vielleicht gespürt haben, dass der Mensch eigentlich die volle Weisheit *hat* und dass es Illusion ist, dass diese Weisheit von außen kommt. Wir konnten erleben, dass wir uns von dieser Erkenntnisposition befreien müssen, die an sich Illusion ist, nämlich, dass ich hier bin und dass da die Wirklichkeit ist, und dass *diese* mir sagt: Da ist die Wahrheit, und diese Wahrheit belehrt mich darüber, was das alles ist. Wir müssen so weit kommen, dass wir das wirklich umgekehrt empfinden können. Aber das kann man nur dadurch, dass man das übt, denn von selbst ist nichts mehr da.

Zum Schluss möchte ich noch betonen, dass es deshalb auch keine spontane Hellsichtigkeit mehr gibt; und wenn sie auftritt, dann ist sie eine *neue Hellsichtigkeit*, die mit innerlicher Kraft zu tun hat.

Wir wissen, Rudolf Steiner hat um 1910 angefangen, über die Erscheinung von Christus im Ätherischen zu sprechen. Er spricht in Zusammenhang damit über ein neues ätherisches Hellsehen. Aber man muss wissen, dass das immer mit *innerlicher Kraft zusammenhängt*. Man kann sich zum Beispiel vorstellen, dass ein Mensch in sehr schwieriger Lebenslage ist, in gefährlicher Lage vielleicht, und dass ein Schock eintritt. Das hat eine Ähnlichkeit mit dem Tode, der Ätherleib löst sich ein Stück, und durch diesen Schock hat man dann eine hellsichtige Wahrnehmung. Aber das hängt dann doch immer mit Entwicklung der Kraft zusammen. Und wenn man nicht in diesem Sinn begnadet wird, dann ist es möglich, um diese Gnade zu bitten, indem man übt – und das haben wir hier gemacht.

Wenn wir so weit kommen würden, dass wir die Persephone-Natura wiederum gefunden hätten, dann würde es auch möglich sein die sinnlichen Eindrücke in uns aufzunehmen, ohne Gedanken, ganz vorstellungsfrei, weil wir die innerliche Aktivität im Denken so beherrschen könnten, dass wir sie außerhalb der Sinneswahrnehmung halten könnten. Dann würden wir diese ‚andere Form der Idee', die wir in der Sinneswirklichkeit wahrnehmen, in ihrer reinsten Form in uns eindringen lassen können. Das hat Rudolf Steiner beschrieben in dem Zyklus: *Grenzen der Naturerkenntnis.*[11]

Aber das wäre ein Thema für ein nächstes Mal.

Ja, wenn es dann genug gewesen ist, können wir noch singen.

(Es wird gesungen):

Ach Herr, lass dein lieb Engelein
Am letzten End die Seele mein
In Abrahams Schoß tragen,
Den Leib in seinem Schlafkämmerlein
Gar sanft ohn einge Qual und Pein
Ruhn bis am jüngsten Tage!
Alsdenn vom Tod erwecke mich,
Dass meine Augen sehen dich
In aller Freud, o Gottes Sohn,
Mein Heiland und Genadenthron!
Herr Jesu Christ, erhöre mich,
Ich will dich preisen ewiglich!

---

[11] GA 322.

NACHKLANG

Es wird nach der Bedeutung des Textes des gesungenen Chorals von Bach gefragt.

Wir sind im Leben schon tot... Im Denken sind wir tot, das Fühlen ist etwas mehr lebendig, und der Wille kann noch ziemlich lebendig schaffen, aber unser Denken ist wirklich ganz tot. Das, was hier gesungen wird in den ersten zwei Strophen, wird auf die Zukunft hin gesungen, aber wir können das auch jetzt erleben.

‚Ach Herr lass dein lieb Engelein am letzten End die Seele mein, in Abrahams Schoß tragen.' – Das ist das Gefühl der, ja, man könnte sagen, Passivität, die mit dem Tod zusammenhängt. Denn wenn man tot ist, kann man selbst nichts mehr machen. Und so ist es eigentlich im Denken auch: da wird man getragen; das vollzieht sich, und ich kann da eigentlich gar nicht aktiv werden, das muss ich in einem anderen Gebiet tun, im Denken selbst ist das eine Unmöglichkeit.

‚Den Leib in sein'm Schlafkämmerlein gar sanft ohn' ein'ge Qual und Pein ruh'n bis am jüngsten Tage.' – Das ist die religiöse Vorstellung, dass der Leib in ein Grab gelegt wird, da nichts mehr fühlt, keine Qual und keine Pein mehr erleidet, und bis zu diesem Moment ruht: dem Jüngsten Gericht, das in der Apokalypse beschrieben wird, bevor das Neue Jerusalem erscheint.

Diese Hingabe an den Tod und die passive Erwartung der Auferstehung, die sitzt sehr tief in uns. Wir meinen, dass auch wir eigentlich nur auf Gnade zu warten haben und dass wir dann eine Hand gereicht bekommen und auferstehen können. Wenn man es nicht buchstäblich religiös nimmt, sondern mit dem toten Denken in Verbindung bringt, kann man unmittelbar bemerken, dass das die Haltung ist, wodurch die neue Entwicklung, die in der Anthroposophie gegeben ist, nicht durchgreifen kann. Denn der Mensch will einfach tot sein und warten, bis er zur Auferstehung geführt wird. Das ist die Stimmung am Anfang.

Und dann kommt ein Gebet: ein Gebet, dass ich vom Tod erweckt werde und dass meine Augen in aller Freud' Ihn sehen dürfen. ‚Alsdenn vom Tod erwecke mich, dass meine Augen sehen dich! In aller Freud, o Gottes Sohn, mein Heiland und Genadenthron!' – Dieses Gebet wird eigentlich immer stärker. Man möchte dann noch mehr aufstehen, als man schon steht, wenn dann kommt: ‚Herr Jesu Christ, erhöre mich! Erhöre mich! Ich will dich preisen ewiglich.'

Und das müssen wir in einer neuen Art zustande bringen, dieses *Preisen*. Das ist es eigentlich, was wir mit der Entwicklung des Denkens tun, wo wir die Gnade empfangen, dass wir *mitschaffen* dürfen an diesem zweiten Leib, dem Auferstehungsleib. Aber ohne Ihn, ohne den Sohn Gottes, unseren Heiland und Gnadenthron, können wir das nicht. Das ist in diesem Choral sehr deutlich – dass dasjenige, was wir innerlich tun, immer mit dem Bewusstsein in Verbindung steht, dass alles, was dann *wird*, als zweiter Leib, eine neue Art der Gnade ist. Nicht Gnade, die wir empfangen, während wir tot sind und abwarten, sondern es ist eine Gnade, die verliehen wird, *gerade weil* wir im noch lebendigen Körper schon da anfassen, wo wir trotz unseres Lebens tot sind – und das ist der Baum der Erkenntnis.

ANHANG

EHRFURCHT

GA 167, S. 85f:

Goethe will, daß der Mensch etwas lerne, was eigentlich alle Menschen lernen sollten statt manchen Firlefanzes, den sie in den heutigen Gymnasien lernen, er will, daß die Menschen in einer gewissen Symbolik aufwachsen. Er will, daß sie da vor allen Dingen in den Symbolen das lernen, was er nennt die ‚vier Ehrfurchten' des Menschen: die Ehrfurcht vor der geistigen Welt; die Ehrfurcht vor der physischen Welt; die Ehrfurcht vor jeglicher Seele; und die Ehrfurcht, die dann erst sich aufbauen kann auf diesen drei Ehrfurchten: vor sich selber. Die letztere würden ja die meisten heutigen aufgeklärten Menschen zur Not gleich von Anfang an verstehen, nicht wahr; aber nach Goethes Anschauung soll diese Ehrfurcht, welche diejenige ist, die, ich möchte sagen, mit den größten Gefahren verknüpft ist, erst auf Grundlage der drei anderen Ehrfurchten sich aufbauen.

Wie will Goethe, daß zunächst die Ehrfurcht vor dem Geistigen, das oben ist, in den Menschen sich einwächst? Er will, daß die Menschen eine gewisse Gebärde lernen: gekreuzte Arme über der Brust, den Blick nach oben gewendet. Und in dieser Stellung sollen sie sich aneignen Ehrfurcht vor dem, was als Geistiges auf den Menschen Einfluß haben könne. In einem gewissen noch sehr jugendlichen Lebensalter soll man, so meint Goethe, diese Gebärde verbinden mit dem Aneignen des Gefühles, der Ehrfurcht vor dem, was oben ist. Warum hat das eine gewisse Bedeutung? Das hat eine gewisse Bedeutung, weil, wenn der Mensch wirklich Ehrfurcht vor dem Geistigen empfindet, er gar nicht anders kann, als dieses Gefühl der Ehrfurcht vor dem Geistigen bekunden. Und wenn er selbst seine Hände hinten auf dem Rücken zusammenlegte als physische Hände, es würden die Ätherhände sich vorne kreuzen, und sein Blick, wenn er ihn auch noch so sehr nach abwärts wendete als physischen Blick, sein Blick würde sich mit den Ätheraugen nach oben wenden. Dies ist die natürliche Gebärde für Ätheraugen: nach oben gewendet, und für Ätherhände: nach vorne sich kreuzend, die der Ätherleib wirklich ausführt, wenn diese Ehrfurcht vor dem Geistigen vorhanden ist; es geht gar nicht anders, das ist eine Selbstverständlichkeit, daß der Ätherleib diese Gebärde annimmt. Im vierten nachatlantischen Zeitraum wußten dies die Leute, weil sie die Bewegungen des Ätherleibes an sich verspürten, und wenn man ihnen sagte, sie sollten das machen, dann sagte man ihnen nichts anderes, als: sie sollen rege machen in sich ein wenig die physische Gebärde, damit sie fühlen, wahrnehmen können die Äthergebärde. So wollte Goethe ein Hineinwachsen in das geistige Leben. Er wußte, daß das eine Bedeutung hat: Diejenigen Gebärden, die mit den unmittelbaren Äußerungen der Seele verbunden sind, wirklich durchzuleben. Ebenso wollte er, daß der Mensch, wenn er die Ehrfurcht vor dem Leiblichen, vor allem Irdischen sich aneignet, die Hände hinten am Rücken kreuzt und den Blick nach unten wendet. Das sollte er sich an zweiter Stelle aneignen. Zum dritten verhält sich die Sache so: Die ausgebreiteten Hände mit dem nach links und rechts gewendeten Blicke sollten ihm die Ehrfurcht vor jeder gleichgearteten Seele beibringen. Und dann kann er sich dasjenige aneignen, was Ehrfurcht vor der eigenen Seele sein kann.

GA 59, S. 178ff:

Gerade im zweiten Teil findet sich in wunderbarer Weise ausgedrückt, wie sich das Ich immer mehr und mehr erhöhen und zum Gipfel des Daseins werden kann. Da wird uns insbesondere schön gezeigt, wie Willhelm Meister seinen Sohn nach einer ganz merkwürdigen Erziehungsanstalt bringt. Wiederum haben Philister ein ganz absprechendes Urteil über diese Erziehungsanstalt gefällt. Sie haben gar nicht daran gedacht, daß Goethe diese Anstalt nicht da oder dort in Wirklichkeit umsetzen wollte, sondern daß er, wie symbolisch, eine Art Anschauung über das Erziehungswesen in seiner ‚pädagogischen Provinz' geben wollte. Da fällt denen, die dieser Anstalt näher treten, gleich auf, wie in gewissen Gebärden sich auslebt, was in des Menschen Seele ist. Da ist eine Gebärde, wo die Hände auf der Brust zusammengeschlagen werden und die Zöglinge nach oben blicken. Sodann sieht man eine Gebärde, wo die Hände auf dem Rücken zusammengenommen werden, wenn der Mensch neben den Menschen sich stellt. Aber etwas ganz Besonderes gibt es, wo das Seelische durch die Gebärde des sich zur

Erde Neigens zum Ausdruck kommt. Auf die Frage, was das alles für eine Bedeutung habe, wird erklärt, daß die Knaben in der Seele, in ihrem Ich erwachen lassen sollen, was man die ‚drei Ehrfurchten' nennt und wodurch der Mensch seine Seele immer höher und höher hinaufentwickeln kann. Sie werden als das wichtigste Erziehungsprinzip vor den Menschen hingestellt. Zuerst soll der Mensch in Ehrfurcht aufschauen lernen zu dem, was über ihm ist; dann soll er Ehrfurcht lernen vor dem, was unter ihm ist, damit er in entsprechender Weise weiß, wie er aus dem, was unter ihm ist, wiederum herausgewachsen ist; dann soll er lernen Ehrfurcht haben vor dem, was neben ihm ist, was gleichwertig ist als Mensch neben Mensch; denn dadurch erst kann der Mensch die rechte Ehrfurcht vor dem eigenen Ich haben. Dadurch kommt er in die richtige Harmonie zur Umwelt, wenn er die richtige Ehrfurcht hat gegen das, was über ihm ist, gegen das, was unter ihm ist, und gegen das, was neben ihm ist. Dadurch wird auch sein Ego in der richtigen Weise entwickelt, und der Egoismus kann nicht irregehen.

Dann wird gezeigt, wie die wichtigsten Religionen der Menschheit hineinwirken sollen in die menschliche Seele. Die Volks- oder ethnischen Religionen sollen sich hineinleben als solche Götter oder Geister, die über dem Menschen stehen; dann soll sich einleben, was man nennen könnte die philosophischen Religionen, durch das, was sich als Ehrfurcht vor dem Gleichen in die Seele senkt; und dasjenige, was uns hinunterführt in das Dasein, was sonst leicht verachtet werden kann, was uns den Tod, den Schmerz und die Hindernisse in der Welt in der richtigen Weise mit Ehrfurcht betrachten läßt, das führt uns zum richtigen Verständnis der christlichen Religion. Denn das wird betont, daß die christliche Religion uns zeigt, wie der Gott hinuntersteigt in die sinnlichen Hüllen, wie er auf sich nimmt die ganze Misere des Lebens und durch alles Menschliche hindurchgeht. Die Ehrfurcht vor dem Unteren soll gerade ein richtiges Verständnis der christlichen Religion geben.

So wird uns die genaue Entwickelung des Menschen gezeigt. Und Goethe stellt uns dann dar, wie Wilhelm Meister hineingeführt wird in eine Art Tempel, wo in bedeutungsvollen Bildern die drei Religionen von frühester Jugend an den Knaben, die da erzogen werden sollen, vor die Seele treten, und wie alles in Einklang gebracht werden soll in dieser utopischen Erziehungsanstalt. Aber diese Anstalt drückt mehr eine Denkweisheit, eine Vorstellungsart aus, wie der Mensch aufwachsen soll von frühester Kindheit an, damit er auf der einen Seite den Zusammenklang findet mit der Umwelt und auf der anderen Seite wiederum auch die Möglichkeit, immer höher und höher sein Ich hinaufzuführen. Bis ins einzelnste wird das dargestellt. Es wird zum Beispiel gezeigt, wie sich die Knaben nicht unterscheiden durch Äußerlichkeiten; sie haben nicht gleiche Kleider, die sie nach den Altersstufen erhalten; sondern sie werden hingeführt zu Kleidern der verschiedensten Art, wo sie selber auswählen sollen. So wird dadurch die Eigenart der Kinder entwickelt. Ja, weil immer eine Art von Korpsgeist sich geltend macht, und das Individuelle zurücktritt gegenüber dem Nachmachen eines Mächtigeren, so daß einzelne Knaben die Uniformen eines anderen wählen, so wird sogar der Grundsatz verfolgt, daß nach einiger Zeit solche Kleider dann fortgetan und durch andere allmählich ersetzt werden. Kurz, Goethe will darstellen, wie der heranwachsende Mensch erzogen werden soll – bis auf die Gebärden hin; in all dem, was ihn auf der einen Seite führen kann zu Harmonie mit der Umwelt, und was auf der andern Seite wieder die individuelle innere Freiheit entwickelt – bis auf den Anzug hin.

LITERATUR AUS DER GESAMTAUSGABE VON RUDOLF STEINER

GA 2, Grundlinien einer Erkenntnistheorie der Goetheschen Weltanschauung

GA 3, Wahrheit und Wissenschaft

GA 4, Die Philosophie der Freiheit

GA 35, Philosophie und Anthroposophie

GA 40, Wahrspruchworte (Seelenkalender)

GA 59, Metamorphosen des Seelenlebens

GA 103, Das Johannes-Evangelium

GA 114, Das Lukas-Evangelium

GA 147, Die Geheimnisse der Schwelle

GA 167, Gegenwärtiges und Vergangenes im Menschengeiste

GA 243, Das Initiatenbewusstsein

GA 265, Zur Geschichte und aus den Inhalten der erkenntniskultischen Abteilung der Esoterischen Schule, 1904 – 1914

GA 322, Grenzen der Naturerkenntnis und ihre Überwindung